农产品

短视频带货与直播销售从入门到精通

李鸿◎编著

化学工业出版社
·北京·

内容简介

短视频与直播时代的来临，给农产品的生产者与经营者带来了新的机遇与挑战。机遇是可以在去中心化的平台直接将货卖给消费者，减少了中间环节，大大缩短了物流所用的时间与回款的压力，而挑战主要是指大多数农产品的生产者与经营者对短视频和直播的玩法不太清楚，不知从哪里下手与突破。

本书采用5W2H分析法，让对农产品宣传与销售担心的读者，快速了解短视频带货与直播卖货的玩法。比如“Where：在哪里卖农产品好？”“What：卖什么农产品好？”“Who：由谁来卖产品？”“Way：有哪些卖的具体方法？”“Word：怎么写产品卖点？”“How：短视频怎么带货？”“How：现场直播怎么卖货？”

书中内容包括短视频带货与直播卖货的平台、选品、主播、卖法、文案，以及具体的销售和转化技巧，帮助大家快速学会短视频带货和直播卖货，将农产品卖出去，将钱挣回来！

本书适合想进入短视频和直播行业的农产品生产人士、运营人士、销售人员等，也可作为农村电商、农业电商的相关培训教材。

图书在版编目（CIP）数据

农产品短视频带货与直播销售从入门到精通 / 李鸿编著 . —北京：化学工业出版社，2023.9

ISBN 978-7-122-43727-3

Ⅰ . ①农… Ⅱ . ①李… Ⅲ . ①农产品—网络营销 Ⅳ . ① F724.72

中国国家版本馆 CIP 数据核字（2023）第 119815 号

责任编辑：李　辰　孙　炜　　封面设计：异一设计
责任校对：宋　夏　　装帧设计：盟诺文化

出版发行：化学工业出版社（北京市东城区青年湖南街13号　邮政编码100011）
印　　装：天津图文方嘉印刷有限公司
710mm×1000mm　1/16　印张11　字数223千字　2023年9月北京第1版第1次印刷

购书咨询：010-64518888　　售后服务：010-64518899
网　　址：http://www.cip.com.cn
凡购买本书，如有缺损质量问题，本社销售中心负责调换。

定　　价：59.00元

前　言

PREFACE

在做农产品短视频和直播的时候，你是否遇到过以下这些困惑：

- 农产品短视频和直播市场竞争激烈，现在还有机会吗？
- 该如何运营新账号才能吸引流量，如果出问题怎么办？
- 如何拍摄爆款短视频？如何打造一个热门直播间？
- 如何才能合理利用短视频和直播的粉丝实现电商变现？

如果你感觉自己也面临着这样的困境，不要着急，因为大部分短视频和直播新人都会有这样的困扰。想要在激烈的互联网电商战争中赢得一席之地，成为网络达人，就需要学习相应的运营和营销技巧。本书可以解答你的所有疑问，并且帮助你从无名新人成为农产品销售“大神”。

本书特色亮点主要有以下 3 点：

（1）5W2H 编写法，全方位为您分忧。本书从农产品在哪里卖、卖什么、谁来卖、用什么方法卖、选择怎样的文字、短视频带货怎么卖和直播带货怎么卖这 7 个方面，精准剖析农产品短视频和直播销售，帮助您快速掌握农产品短视频和直播销售技巧，创造销量奇迹。

（2）7 大课程专题，一条龙细致化学习。本书内容分为 7 个专题，从平台介绍、产品选择、主播培养、脚本设计、文案策划、短视频带货、现场直播卖货这 7 个方面具体分析，帮助大家选择合适的平台和产品，培养专业的主播，学习如何设计脚本和创作文案，掌握短视频带货和直播卖货的技巧。

本书具有很强的实用性和可操作性，适合初入短视频和直播运营行业，有志打造爆款农产品的新手，也适合拥有一定运营经验的运营者，提高带货变现的能力，快速增强引流和吸粉能力，让变现变得更加高效。

特别提醒：书中采用的抖音和拼多多等软件的案例界面，包括账号、作品、粉丝量等相关数据，都是编写稿件时的截图，因图书到出版还需要一段时间，如果软件有更新，请读者以软件的实际情况为准，根据书中提示，举一反三操作即可。

本书由李鸿编著，参与编写的人员还有杨菲，在此表示感谢。由于作者知识水平有限，书中难免有疏漏之处，恳请广大读者批评和指正，沟通和交流请联系微信：2633228153。

编著者

目　录

CONTENTS

第1章　Where：在哪里卖？平台介绍

第2章　What：卖什么呢？产品选择

第3章　Who：谁来卖呢？主播培养

第4章 Way：什么方法？脚本设计

第5章 Word：怎样的文字？文案策划

第6章 How：怎么卖呢？短视频带货

第7章 How：怎么卖呢？现场直播卖货

第 1 章

Where：在哪里卖？平台介绍

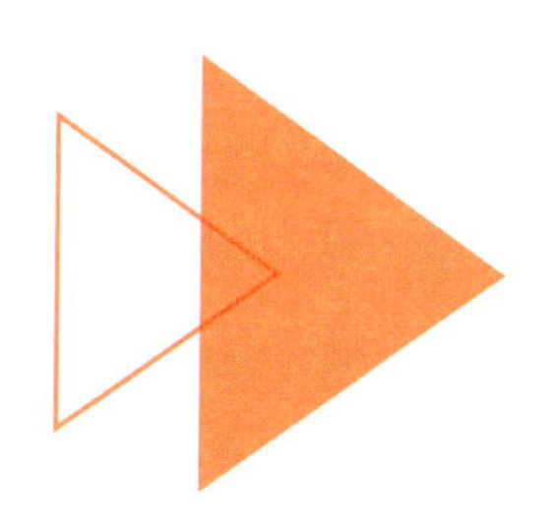

扶贫助农对经济发展、社会和谐有着很大的影响，近年来，因为一些不可抗拒的特殊原因，农产品滞销的情况时有发生。各大电商平台为帮助滞销农产品找到销路，纷纷发布了农产品扶持政策，开启了多样化的农产品销售活动。

1.1 2个特征，短视频和直播成为“新时尚”

随着互联网的高速发展与普及，电商作为一种新兴业态，也逐渐影响着农村的发展，给农民生活带来了巨大变化。而以电商平台为依托的短视频和直播在现代社会的风靡，则给农产品的销售带来了新模式，成为农民销售农产品的“新时尚”。

1.1.1 特征1：生活方式

近年来，基于碎片化获取信息、娱乐性强以及传播速度快等的优势，短视频、直播行业快速崛起。如今，短视频和直播已渗入我们日常生活的方方面面，从日常娱乐、交友互动、线上购物到就业、生产等，都受到了其巨大的影响，短视频和直播逐渐成了数字时代的一种生活方式。图1-1所示为抖音短视频和直播案例。

图1-1 抖音短视频和直播案例

各大电商平台已经看到了短视频和直播行业的盈利潜力，纷纷布局短视频和直播领域，相互融合发展。不少电商平台选择降低短视频与直播的入门门槛，吸引大量主播入驻，吸引流量，聚集粉丝，同时建立起与用户之间的情感连接，不断壮大市场。而这也让短视频和直播进一步走进了人们的日常生活，成为一种生活方式。

随着短视频、直播与电商、旅游等领域的结合，商业模式不断推陈出新，这也影响了农产品的销售方式。借着短视频与直播带来的这股“东风”，农产品借势突破，广大农民通过这种互动性强、灵活便利的方式进行农产品销售，推动乡村振兴，实现脱贫致富，因此短视频和直播逐渐成了农民的“新时尚”。图 1-2 所示为通过短视频和直播销售农产品的案例。

图 1-2　通过短视频和直播销售农产品案例

1.1.2　特征 2：天然优势

毫无疑问，短视频和直播时代的到来给人们的生活提供了巨大的便利。对平台的运营者来说，他们依靠短视频和直播进行产品的销售，扩大了产品的销售渠道，获得了更多的盈利空间。对平台的用户来说，短视频和直播丰富了他们的娱乐生活，加之通过线上购物就能买到自己想要的东西，也使他们的生活更加方便。

对各种企业和运营者来说，短视频和直播其实也是一种全新的营销方式，但是与其他的销售方式相比，短视频和直播具备很多天然的优势，这些优势既是它们的立足之本，也是其成为人们一种生活方式的原因。

1. 碎片化娱乐

在这个快节奏的现代社会，生活的压力压得人喘不过气来，特别是近年来由于不可控因素，人们的就业压力和生活压力都更加沉重。社会的快节奏和心灵的浮躁，越来越使得人们只能用碎片化的时间进行娱乐，短视频和直播也因此应运而生。

短视频和直播的一大特点就是碎片化和娱乐性强，人们并不需要花很长的时间去接收其传达的信息，哪怕只是几个画面，它已经把一些信息传递给受众了。如果你对播放的短视频感兴趣，愿意停下来观看它，而且视频的时间也不会很长，一般都在几分钟，你可能会选择把它看完。

图 1-3 所示为抖音搞笑短视频案例，这两个短视频都只有 4 分钟左右的时长，但已经足够表达它所要传递的信息，并且引得视频前的用户哈哈大笑，丰富了用户的娱乐生活。

图 1-3　抖音搞笑短视频案例

2. 互动

短视频和直播具有多维立体的表现形式，用户更容易接受和模仿，甚至在模仿中创新。而这也推动了更多的人去创作短视频和进行直播，甚至掀起一股模仿热潮，形成热门。

图 1-4 所示为抖音某农产品博主的相关信息。该农产品博主免费为甘肃农民直播带货，网友们纷纷为他的爱心点赞，不少人也效仿他进行爱心直播。

图 1-4　抖音某网红农产品博主的相关信息

一方面，这股热潮无形之中反哺了短视频和直播行业的发展；另一方面，这股热潮使得更多的用户参与互动，进行评论、点赞、转发。用户的评论、点赞和转发等会吸引更多的流量，促进短视频和直播的良好发展。图 1-5 所示为有用户参与互动进行评论的短视频和直播案例。

图 1-5　有互动评论的短视频和直播案例

3. 渠道

互联网上的短视频和直播平台种类繁多，运营者可以将视频发布到各个平台上，让更多的人来观看，获取更多的流量和关注，达到宣传的目的。最后可以通过视频带货、直播卖货把流量变现。

人们的日常生活离不开智能手机和互联网，而短视频和直播则依托这两者，为产品营销提供了更多的选择和渠道。以农产品为例，农产品是所有人日常生活中不可或缺的东西，是生活中的必需品。但是，以往由于信息不通畅、物流的限制、农民缺乏相应的知识等问题，导致农民销售农产品的渠道有限，通常是将大量的农产品交给经销商，再由经销商卖出。

但随着短视频和直播行业的兴起，农民可以借助这两者让自己的农产品被更多的人看见。农民以农村原生态的地理环境为背景，将自己销售的农产品拍成视频，发布在各大平台上，或者通过直播展示农产品的种植、生产过程，让用户眼见为实，更加了解农产品的品质。

短视频和直播行业的兴起，无疑让农产品的销售渠道更加宽广，也增加了用户的消费渠道，让运营者获利的同时也便利了用户的生活。

1.2 农产品销售的 5 大热门平台

中国是一个农业大国，农业、农村、农民问题一直是全国关注的重点问题。目前，短视频和直播带货已成为趋势，短视频、直播带货与三农结合也已成为不可阻挡的趋势。顺应这一趋势，各大平台开展了多项助农活动，推动农村农产品的销售，助力乡村振兴。

1.2.1 平台 1：快手

快手最初是一个用来制作、分享 GIF（Graphics Interchange Format）图片的手机 App，后来逐渐从纯粹的应用工具转型为短视频社区，成为一个典型的短视频平台，用于用户记录和分享生产、生活。直至现在，快手注册用户有 7 亿多人，日活跃用户超过 1 亿人。

在快手上，用户可以用照片和短视频记录自己日常生活中的点点滴滴，也可以通过直播与粉丝进行互动。图 1-6 所示为快手短视频和直播案例。

图 1-6　快手短视频和直播案例

在当下短视频与直播盛行的时代，各个行业在快手平台找到了新的发展路径，农业也不例外。而近年来由于某些不可避免因素的影响，不少农产品滞销，积压过多。为了帮助农民找到销路，也为了响应国家振兴乡村的号召，快手推出各项对农产品的扶持政策，加大扶持力度。

2022 年，快手光合创作者大会在云南丽江举行。在这次大会上，快手三农负责人发表了名为《在快手，拥抱幸福乡村》的主题演讲。该演讲对过去快手三农垂类生态构建及成绩进行回顾，同时分享了快手在三农内容方向的相关扶持政策，宣布快手将加大对三农的扶持力度，为更多三农创作者在快手的发展提供方向引导。

1. 产业升级

目前，越来越多的农技人选择在快手分享有关农业的内容，他们的出现给快手注入了一股新鲜活力。这些农技人在快手通过短视频或者直播展现农村风情，分享乡村生活，推销农家特产，在快手形成了完整的三农创作生态。图 1-7 所示为展现农村生活的短视频和直播。

三农的创作内容十分多元化，对三农内容感兴趣的用户也很多。据统计，快手平台拥有 2.4 亿的三农兴趣用户。但是，三农内容的创作不能只停留在农村生活的表面，用户在观看时不仅要能看到农村之美，还需要能从中获得一些知识，只有有价值的内容才能在激烈的市场竞争中脱颖而出。

图 1-7　展现农村生活的短视频和直播

想要让三农彻底在这里的土壤上扎根生长，就必须做到规范化，进行产业升级。因此，快手展开了一系列活动。

例如，在 2022 年春季到来时，快手应时推出“上快手看春耕”的专题活动，在这场活动中邀请了三农专家、三农主播、快手用户等共同参与，征集了 1.8 万多条短视频，开展了 80 余场春耕知识科普系列直播，通过短视频 + 直播的形式讲述快手中的乡村振兴，助力农技推广、助农富农。

快手还推出了“快手农技人”评选活动，在活动中评选了 10 位优质农技主播，让更多的优质主播被大家看见。图 1-8 所示为快手十大农技人，通过培养和激励一批有知识的农技人，促进农村发展，推动农村产业升级。

2. 流量扶持

为了助力更多的农技人在快手实现高质量的内容创作，让平台内更多优秀的农技人被用户关

图 1-8　快手十大农技人

注，快手加大了对三农创作的流量扶持力度，推出了“三农流量扶持计划”。图 1-9 所示为参与“三农流量扶持计划”的短视频。

图 1-9　参与“三农流量扶持计划”的短视频

1.2.2　平台 2：抖音

抖音是由字节跳动孵化的一款音乐创意短视频社交软件，专注于年轻群体，在这里用户可以分享自己的生活，也可以进行社交，是当下热门的短视频平台之一。为了促进乡村发展，推动产业振兴，抖音推出了各种助农专项活动。

1. 建立助农话题专区

抖音平台专门设立了一个“助农”话题专区。在这个专区里，用户可以发现来自世界各地的三农视频和汇集的各种农村产品相关信息，帮助农产品打开销路。图 1-10 所示为抖音助农话题专区。

图 1-10　抖音助农话题专区

2. “山货上头条”助农专项

为了更有针对性地助力地标农产品上市，打开山货农产品的销路，抖音推出了“山货上头条”助农专项活动。活动给予农产品市场更大的流量，以专项扶助和培训指导带动农产品商家的可持续发展，实现农民长期规模化运营，增加农民的收入，促进农村产业升级。

对于这项活动，抖音某负责人提出了美好的前景和目标：“未来一年，‘山货上头条’将覆盖全国160个乡村振兴重点县域，深度扶持100个山货助农产业。我们还将利用全域兴趣电商模式，重点扶持20个商品交易总额（Gross Merchandise Volume，GMV）破千万级的农产品区域公用品牌，200个GMV破百万级的地标农产品。”图1-11所示为“山货上头条”的目标举措。

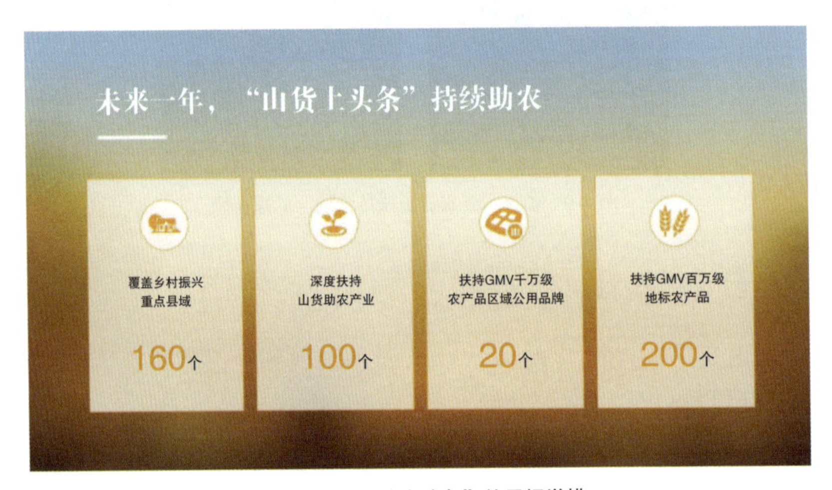

图1-11 “山货上头条”的目标举措

1.2.3 平台3：视频号

视频号同样是当下热门的电商平台之一，旨在为传统媒体提供新媒体传播的一站式解决方案。视频号植根于微信生态，借助微信天然的社交属性，即使是第一次接触视频号的用户，也能通过微信好友、群聊和朋友圈更快速地获得关注，极大地降低了使用门槛。

借助短视频和直播，农村搭上了一辆“快车”，为了全面助农，打造乡村振兴新势能，视频号发起了“好物乡村”系列助农活动。图1-12所示为视频号助农的短视频和直播案例。

图 1-12　视频号助农的短视频和直播案例

这场盛大的助农活动让数百万人坐上了“开往丰收的绿皮车”，许多三农运营者开播几小时货物就被一抢而空，不少三农短视频获得巨大流量，提升了产品销量。

例如，在京东官方号“懂东东”的助农直播间里，由于全国劳动模范、全国农村青年致富带头人等嘉宾亲临直播现场，使得直播间粉丝们的热情空前高涨，营造了良好的带货氛围。因此，在这场直播中，15 万枚猕猴桃和 6000 多枚会理石榴等农产品被爱心网友抢购一空。

助农活动期间，在江西、广西等地乡村振兴局的支持下，更多的视频号运营者通过短视频持续推广乡村的好风光与好风物。在视频号发起的“我的家乡好物”短视频系列征集活动中，超过 5000 条相关短视频陆续在视频号发布。

视频号的各项助农活动为乡村好物搭建了一条新的销售道路，将农产品从乡村运往世界各地，带动农村经济的发展。

1.2.4　平台 4：小红书

小红书作为一个生活方式平台和消费决策入口，深受年轻群体的喜爱。目前，小红书用户数已超 3 亿，每月活跃用户数已超 1 亿。农产品销售具有极大的发展空间和盈利空间，在小红书平台上也具有一席之地。图 1-13 所示为小红书销售农产品的短视频案例。

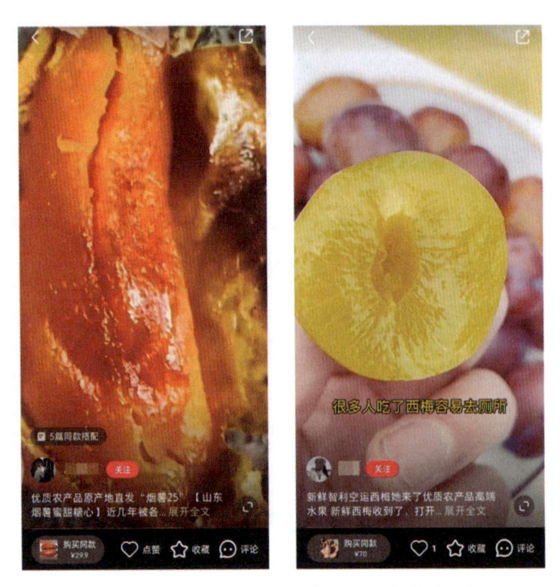

图 1-13 小红书销售农产品的短视频案例

作为深受年轻人喜爱的热门平台之一，小红书具有巨大的销售市场，不少自产自销的农民和农产品品牌都纷纷扩大销售渠道，将小红书作为一个电商平台，通过短视频和直播的形式获取用户关注，并且将用户转变为消费者和粉丝，提升产品销量。图 1-14 所示为自产自销的农民和入驻小红书的农产品品牌。

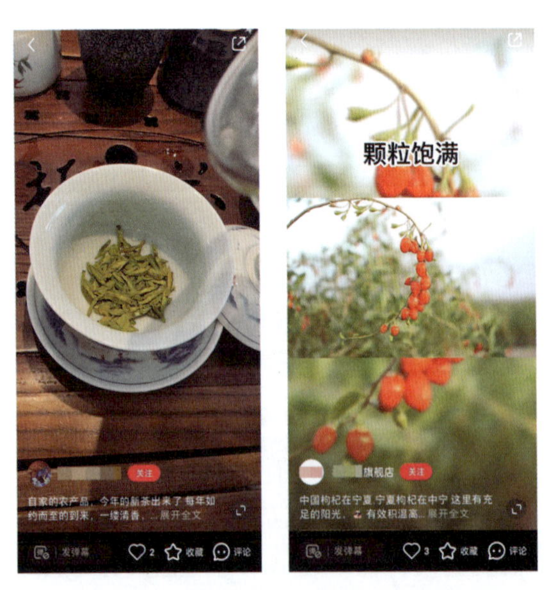

图 1-14 自产自销的农民和入驻小红书的农产品品牌

例如，依托于高速发展的互联网和网红经济的崛起，佛山农产品电商经济发展迅速，具有强大的生产力，在各大平台占据一席之地。

佛山的年轻人顺势发出了“到小红书圈粉去”的声音，他们纷纷带着乡村农产品投入小红书，通过引流、种草获取小红书用户的关注和信任，在用户心中树立起自家农产品形象，最后将农产品销往各地，获得收益。

为了促进农产品经济的进一步发展和乡村的振兴，小红书与地方文旅达成合作。图 1-15 所示为甘肃文旅入驻小红书的笔记。小红书达人们进入甘肃各县各乡，亲身感受农村美好风光和体验农家特色产品，通过短视频、直播或者图文笔记推广和销售当地农产品，拉动当地经济的增长。

图 1-15　甘肃文旅入驻小红书的笔记

1.2.5　平台 5：B 站

哔哩哔哩的英文名称为 bilibili，简称 B 站，现为中国年轻人高度聚集的文化社区和视频平台，也是中国最大的实时弹幕视频直播网站。

B 站的内容十分多元化，短视频、直播、动漫等都是 B 站重点专区，为 B 站获得了许多流量和用户。B 站作为年轻人经常使用的一个平台，具有极大的市场，也是三农扎根生长的天然土壤。

为了支持农业产业转型和实现农村经济增收，B 站发布了三农区多频道网络（Multi-Channel Network，MCN）专项扶持计划，对三农区给予流量支持和激励奖励。图 1-16 所示为 B 站 MCN 专项扶持政策。

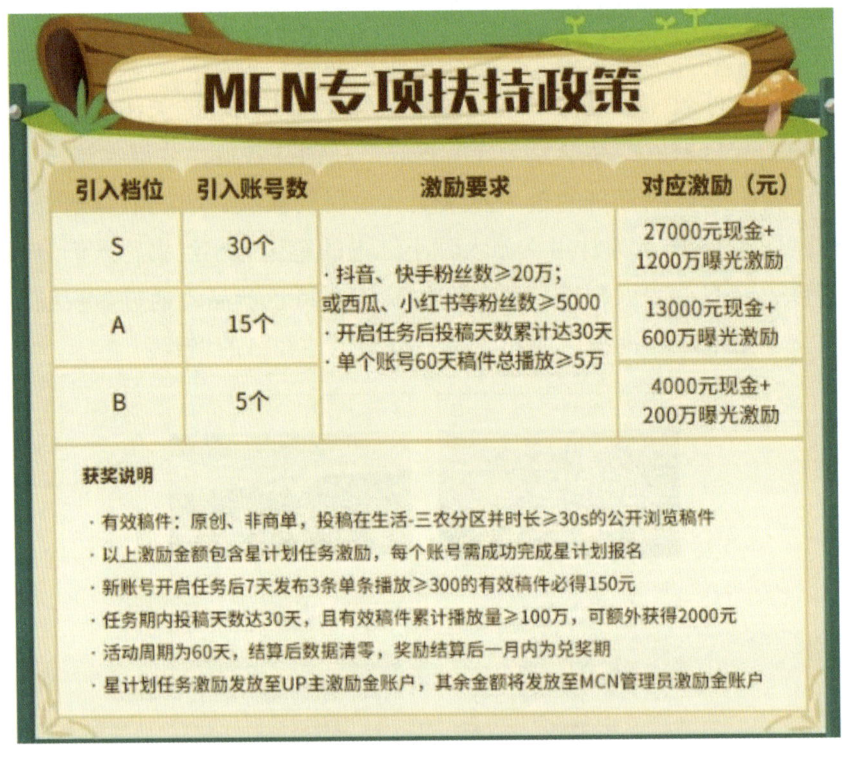

MCN专项扶持政策

引入档位	引入账号数	激励要求	对应激励（元）
S	30个	· 抖音、快手粉丝数≥20万；或西瓜、小红书等粉丝数≥5000 · 开启任务后投稿天数累计达30天 · 单个账号60天稿件总播放≥5万	27000元现金+1200万曝光激励
A	15个		13000元现金+600万曝光激励
B	5个		4000元现金+200万曝光激励

获奖说明

· 有效稿件：原创、非商单，投稿在生活-三农分区并时长≥30s的公开浏览稿件
· 以上激励金额包含星计划任务激励，每个账号需成功完成星计划报名
· 新账号开启任务后7天发布3条单条播放≥300的有效稿件必得150元
· 任务期内投稿天数达30天，且有效稿件累计播放量≥100万，可额外获得2000元
· 活动周期为60天，结算后数据清零，奖励结算后一月内为兑奖期
· 星计划任务激励发放至UP主激励金账户，其余金额将发放至MCN管理员激励金账户

图 1-16　B 站 MCN 专项扶持政策

MCN 专项扶持政策为 B 站引入了一批高质量的农村运营者，同时也激励了更多的年轻人投身 B 站三农区，从而加快农村经济的建设和产业转型。

在 B 站，某运营者是三农区的网络达人，她的视频以乡村生活为内容，展现了乡村的美好风光和特色农家产品。在她身上展现出来的“东方美”和视频传达出来的“田园美”，深深吸引了视频前的用户。

这位运营者的出现，开启了短视频的“乡土田园时代”。在农村这块还尚处空白有待开垦的土地上，不少人看到了其中的获利空间，于是在她之后，许多人纷纷接棒，将账号定位为农村题材，创作了大量有关农村的视频。

这些人的出现掀起了一股以拍摄农村为主题的潮流，他们的奇妙思想使得呈现在用户面前的视频多种多样，同时 B 站三农区也呈现出百花齐放的景象。

其中，有的视频主要拍摄农村的日常生活，有的视频以农村美食为主题，有的视频展现农产品的生长养殖过程等。图 1-17 所示为以农村为题材的视频案例。运营者们不断创新、持续“内卷”，获得了巨大的流量，最后通过短视频带货或直播卖货，就可以将这些流量变现。

图 1-17　以农村为题材的视频案例

第 2 章

What：卖什么呢？产品选择

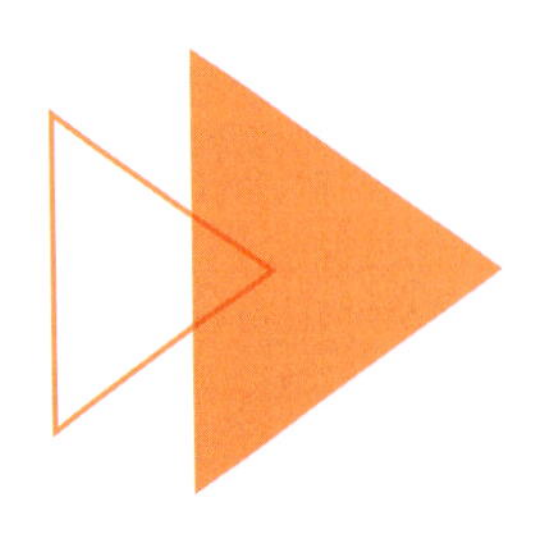

选品是短视频和直播卖货的第一步，也是最重要的一步。选择好的产品可以带动短视频和直播间的观看量，从而提高转化率。因此，本章就如何选品以及产品的包装设计做详细介绍，帮助运营者更好地进行营销卖货。

2.1　8 大选择要点，赢在产品源头

产品的选择很关键，选择了一个好的产品，无论是短视频卖货还是直播卖货，都成功了一大半。反之，如果产品没选好，即便是观看的人数很多，人气很旺，也会出现零转化率的现象。本节我们就来看一下应该如何去选择农产品。

2.1.1　要点 1：价廉

用户为何会选择在线上购买农产品呢？其一是为了方便，其二便是因为相对便宜，线上卖货的本质就是让用户以最低的价格买到好的商品。一般而言，除了运营者了解该产品的特性，大多数人看短视频或者直播时最看重的就是产品的性价比。

无论是直播卖货还是短视频卖货，都只是所有卖货工具中的一种。因此，它们作为购物平台的一种工具，依然符合并遵守着物美价廉的购物平台的基调。线上店铺出售的农产品要比其他方式销售的农产品价格低，但是质量方面一定不能落后，也就是要做到高性价比，确保给到用户的价格是足够实惠的，同时质量也是有一定保障的，这样才能提高用户的购买体验。

以直播带货为例，对于一般的直播间，高价位的产品是很难销售出去的，低价位或者高性价比的产品才符合用户心中理想的产品定位。

图 2-1 所示为两个农产品卖货直播间，一位运营者在直播间用红色文字写下“批发价”，吸引用户购买；而在另一个直播间中，运营者则是打着“限时特惠”“开播炸福利”的招牌。

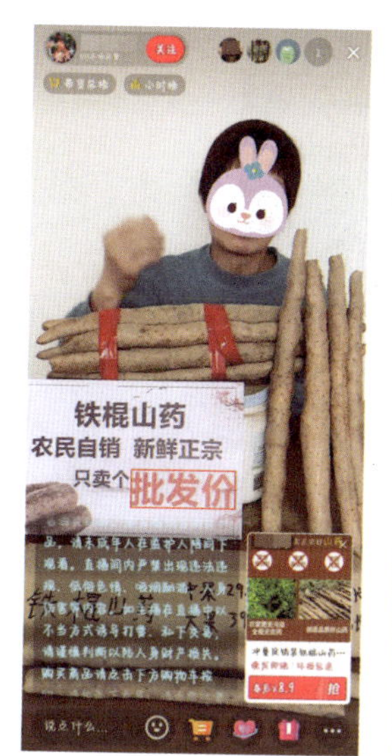

图 2-1　两个农产品卖货直播间

2.1.2　要点 2：大众

产品是用来解决大众需求、改善大众生活的，因此相对于小众化的产品和高价值的产品，大众化的产品往往更能吸引用户的眼光。大众化的产品是满足大部分人需求的产品，因此其消费人群非常多。

图 2-2 所示为销售芒果的直播间，直播间带货的产品为芒果，属于大众化产品，观看的人数较多，购买的数量也较多，在直播间就更加受欢迎。图 2-3 所示为销售人参果的直播间，直播间带货的产品为人参果，这是一种小众产品，因此观看该直播间的人比较少，其购买的数量也不如芒果这种大众产品多。

图 2-2　芒果直播间

图 2-3　人参果直播间

2.1.3　要点 3：实用

直播销售的转化率依赖产品本身，考虑到目标群体，刚需高频的日常消费农产品无疑更具有适应性。在带货选品的时候，最好优先考虑日常高频消费品，比如小包装大米、调料、休闲食品等。

选择日常高频消耗农产品进行直播销售，是保证后期回购率的一种相对较好的手段，而且这样的农产品有着较强的社群传播号召力。

图 2-4 所示为销售大米的直播间，直播间选择的产品是日常所需的大米，

因此直播间的观看人数较多，而且购买的人数也较多。图 2-5 所示为销售葫芦的直播间，其直播间选择的产品为葫芦，这种实用性不强的农产品观看人数就很少了，只有不到 20 人。

图 2-4　大米直播间

图 2-5　葫芦直播间

2.1.4　要点 4：品牌

现在市场上的农产品琳琅满目，运营者可以选择的产品很多。因此，运营者可以选择特色农产品，也可以选择产量相对较低的农产品。但若在这两者之间选择，最好选择特色农产品。一方面，它具有一定的地域性；另一方面，大家也熟知，从而更好地提高转化率。在这个基础上，你所选择的特色农产品最好是品牌农产品。

例如，“山东苹果”“五常大米”等有区域品牌的农产品，本身就具有品牌效应，再加上直播带货和短视频卖货便宜、方便，更能刺激用户的购买欲望。

一个好的品牌能提高转化率，运营者在选择产品的时候可以挑选一些有名气的产品。这类产品一般品质都有所保障，可以在一定程度上防止售后服务难题，也可以提高用户的购买率。图 2-6 所示为产自山东烟台的苹果和产自东北的五常大米。

图 2-6 产自山东烟台的苹果和产自东北的五常大米

2.1.5 要点 5：高复购率

随着互联网的不断发展，获得一个新用户的成本也在不断增加，而从获取流量到用户第一次下单之间的转化却在不断地缩减。如果将用户持续单次购买作为运营重点的话，其成本会一直降不下来，这种极度损耗金钱换来转化率的代价，不是所有的运营者都能够承受的。

但是，如果从一开始运营者就选择一些复购率高（即重复购买率高）的产品，就不用重新拓宽市场，获取新客的成本也会大大减少。

复购率有以下 3 点关键考量，如图 2-7 所示。

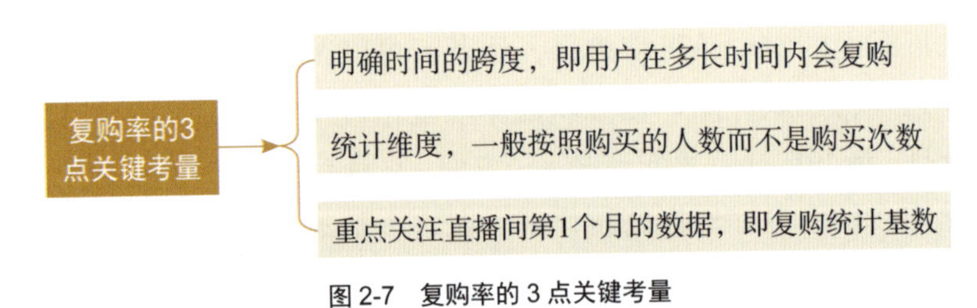

图 2-7 复购率的 3 点关键考量

首先，需要了解复购率的时间问题，即用户复购商品的时间。对农产品运营者来说，时间过长或过短的购买行为都不合适，最好每个月统计一次。

其次，是以什么来统计，通常是基于购买该产品的人数，而不是用户购买的次数。受多种因素的影响，用户购买的次数可能有所变化。以直播卖货为例，若一个用户在直播中多次购买商品的话，也只是记录一次的购买记录。

还有一点就是第一个月的购买数据。首月的数据是第一次购买的用户数，而不是购买的产品数量和注册的人数，这是作为回购统计的依据。比如，某个用户是在 3 月份注册店铺的会员，但是他到 6 月份才开始购买的话，那就只能从 6 月份才开始统计复购次数。

一般来说，复购率达到 50% 是正常的。那么，如何计算复购率呢？就购买次数而言，是再次购买该产品的次数 ÷ 总购买次数。

2.1.6　要点 6：良好体验

农产品一定要给人良好的消费体验。俗话说“客户是上帝”，当客户对产品的消费体验很满意的时候，产品才能树立起良好的口碑，复购率也会不断提高。所以，在选择产品的时候，运营者一定要做好产品的体验调查，必须充分了解产品的优缺点，这样才能选择好的农产品，提高销量。

那么，怎么才能知道该农产品是否能给人带来良好的消费体验呢？可以通过下面几个步骤进行分析。

（1）熟悉农产品。了解产品是一切的基础，你可以根据自己的经验和意见来体验并感受其优缺点。产品的优劣不仅体现在视觉和交互方面，还体现在食用体验上。在选择产品的时候，每个人都是用户，大胆地去感受、思考并给出意见，然后记录下你的想法并整理在一起，第一感觉是最真实的。

（2）客户体验信息采集。具体包括客户体验数据的采集、客户满意度、客户复购率等。采集数据时要“以目标为导向，以受众为基准”。

（3）体验信息统计。事实上，信息收集是信息分析的基础。统计指标具体分为产品属性指标、特殊目的指标和客户属性指标，如图 2-8 所示。

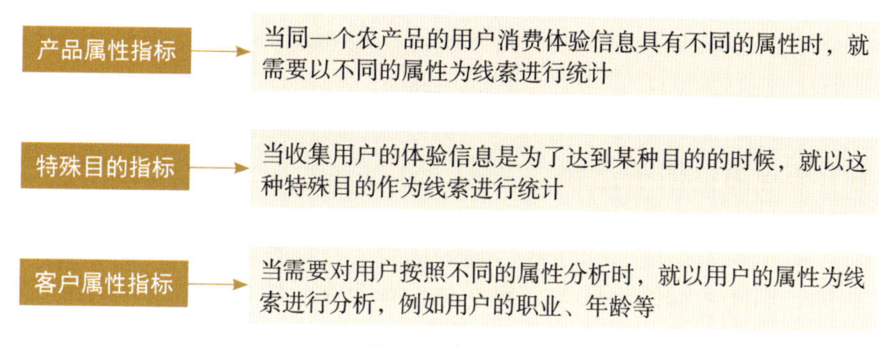

图 2-8　统计指标

（4）体验信息分析。信息分析是所有工作的核心。通过对用户体验的分析，可以了解用户对农产品的好恶和农产品的优劣势，从而在选择某些产品时快速选到合适的农产品。

2.1.7 要点 7：合理利润

在品类之上，农产品的质量与价格是影响转化率最大的两个因素。农产品的品质、口感和口碑等，往往能影响用户下单的意愿。这些综合品质的好坏和用户的体验是息息相关的，进而又影响了运营者的口碑和用户后续的复购行为。

在当今流量、运营成本高的市场环境下，如果一款农产品没有合理的能获得利润的空间，那么这款产品最终也很难发展下去。当运营者收到产品后，一般会在原价的基础上提高几倍后再在店铺出售。也就是说，当拿到某个农产品后，其单个的定价是 19.9 元的话，其成本可能也就是 6 元左右。倒推来说，运营者在选品的时候，拿到产品的价格大概就是在 4 ～ 5 元，给自己留下了一个合理的获利空间。

当产品具有性价比高的优势时，量产与高利润的结合，既可以弥补通过不同组合的渠道所产生的产品问题，又可以平衡数量与利润之间的发展。

除此之外，还应分析农产品的客单价。客单价即平均交易金额，是指每一位用户平均购买产品的金额，如图 2-9 所示。

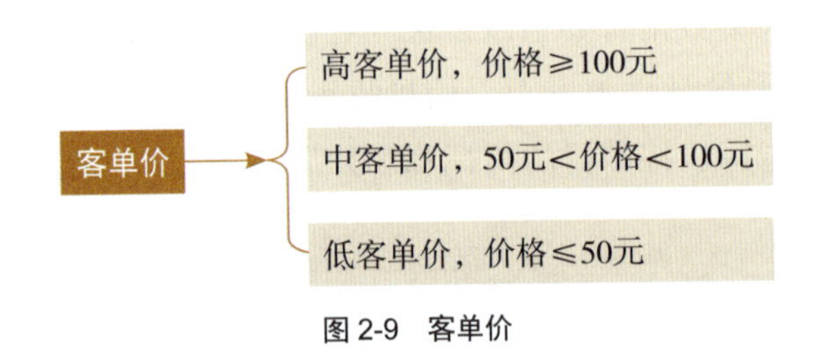

图 2-9 客单价

2.1.8 要点 8：便于运输

农产品不同于其他产品，农产品往往体积大，运输量大，并且对物流的要求很高，因此运输的难度大、成本高，有的农产品为了保证其新鲜的程度甚至需要走冷链运输，例如肉类、奶制品及容易变质的农产品。

所以，运营者在选择农产品的时候应该选择一些适合运输的农产品。农产品运输存在以下几个难题，如图 2-10 所示。

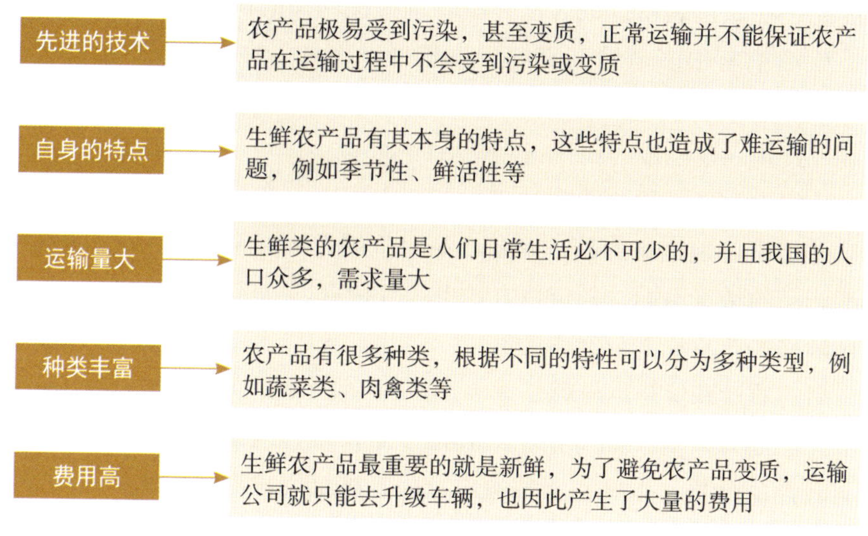

图 2-10　农产品运输存在的难题

2.2　7 大包装方法，提高购买欲望

随着人们消费水平及文化层次的提高，人们的审美能力也在不断提高。人们在购买农产品时不仅在意农产品的质量问题，还会在意农产品的包装设计。

一个好的产品包装会更加让人赏心悦目，购买的欲望也会增强。此外，人们的环保意识也在不断增强，原来的低档传统包装已经无法适应当今的市场了。因此，农产品的包装设计一定要能在短时间内抓住用户的眼球。

2.2.1　方法 1：定位

要想做好产品的包装设计，首先要确定选择的产品传达了什么样的价值主张、质量、销售场合、主要买家，以及买家的价值观、审美品位和购买习惯。有时用户购买产品不是因为产品质量好，而是因为产品在他们需要时可以帮助他们解决问题。这并不是说不需要关注产品的质量，产品的质量只是决定了用户是否会继续购买，但问题能否得到解决，决定了用户是否会购买你的产品。

解决用户问题的关键就是产品卖点。正因为用户只关心自己感兴趣的东西，所以只有为农产品找到一个用户感兴趣的卖点，才是解决问题的主要方式。因此，在做包装设计的时候，要时刻关注用户的问题，并且解决用户的问题。生活中有很多事情都需要去做选择。例如，在生活中想吃饭不想自己做，或者不想早起上班等，但是“鱼和熊掌不可兼得”，这些是普遍存在的问题，这些问题已成为用户行为背后的动力。

产品的卖点就是用户消费的理由，而它取决于产品的定位，因此做好产品定位才能更好地销售产品。确定产品定位的方式有很多种，但由于农产品与一般产品的特点不同，其定位方式也各有特点。

1. 根据农产品质量和价格定位

产品的质量和价格本身就是一个定位。一般来说，在用户眼里，价格越高，产品质量就越好。农产品价格相对其他产品来说普遍偏低，通过对优质农产品设置较高的价格，以区别于普通农产品，满足用户对优质农产品的需求，达到定位的目的。图 2-11 所示为价格不一的同类农产品。

图 2-11　价格不一的同类农产品

2. 根据农产品的特性定位

农产品的特征包括其来源、生产技术、生产工艺、产地等，这些特征都可以作为对农产品进行定位的因素。图 2-12 所示为无公害蔬菜，它就是根据农产品的特点来进行定位的。

图 2-12　无公害蔬菜

3. 根据农产品的用途定位

同一种农产品可以有多种用途，如果某些农产品可以直接被用户消费或用于食品加工，那么它们就可以有不同的定位。此外，当发现一种农产品的新用途时，也可以采用这种定位方法。

图 2-13 所示为不同用途的花椒。花椒既可以作为调味料食用，还可用于泡脚。运营者可利用其不同的用途，从而进行不同的产品定位。

图 2-13　不同用途的花椒

4. 根据用户的习惯定位

很多用户在购物时都会注重便捷性，因此根据用户的这一习惯可以采用开窗式或透明的方式来包装产品。如图 2-14 所示，这种包装可以让用户更清楚地看到水果的种类，方便挑选。

图 2-14 根据用户的习惯定位的水果篮包装

2.2.2 方法 2：档次

通过在普通农产品上加入特殊的设计，可以使农产品本身的价值得到提升。这些农产品的包装设计凭借自身的附加值，也能满足用户对盈利的追求。如今，包装除了具有原有的保护功能外，还具有一定的文化和审美价值。

尤其是高端的农产品包装设计，通过做好外在设计可以抓住用户的眼球，从而凸显其高端的产品身份。那么，如何提高包装档次呢？

1. 从品牌吉祥物入手

现在，有很多品牌都设计出了属于自己的吉祥物，并且在各大平台上都比较活跃。一方面，更好地宣传了本品牌的产品，提高了知名度；另一方面，也在一定程度上为本品牌的产品打开了市场。因此，在进行包装设计时加上象征本品牌农产品的吉祥物，也是一个很好的选择。

2. “跨界”创新

不断创新才能更加吸引用户，那么要如何创新呢？可以尝试一下“跨界”。在包装设计中进行“跨界”创新，会给用户带来一种全新的感受。

例如，对于大米这种常见的农产品，我们通常使用塑料袋和小袋进行包装。如果一个品牌突然把包装做成了一个盒子，用户会被吸引吗？如果你在做小众化、精品化的产品，它会激发用户尝试更多的新事物。

3. 增强产品的“仪式感”

“仪式感”很重要，现在的年轻人很注重“仪式感”，因此“仪式感”也是很多产品附加值中不可忽视的元素，给普通的、大众化的产品加上特殊的意义，让农产品也有了一种给人心理上满足感的价值。

高端的包装设计就是要向用户传递一个理念，即好的产品同样需要一个好的包装，让用户感受到这个产品是一个高端产品。当然，高端不只是说说而已，无论是高端产品还是高端包装，从一开始就需要花更多时间和精力去构思和设计。

2.2.3　方法 3：卖点

卖点就是满足用户的需求点。提炼出一个好的卖点，往往更能吸引用户的目光，因此在产品的包装上一定要突出卖点。寻找产品卖点有 5 大原则，如图 2-15 所示。

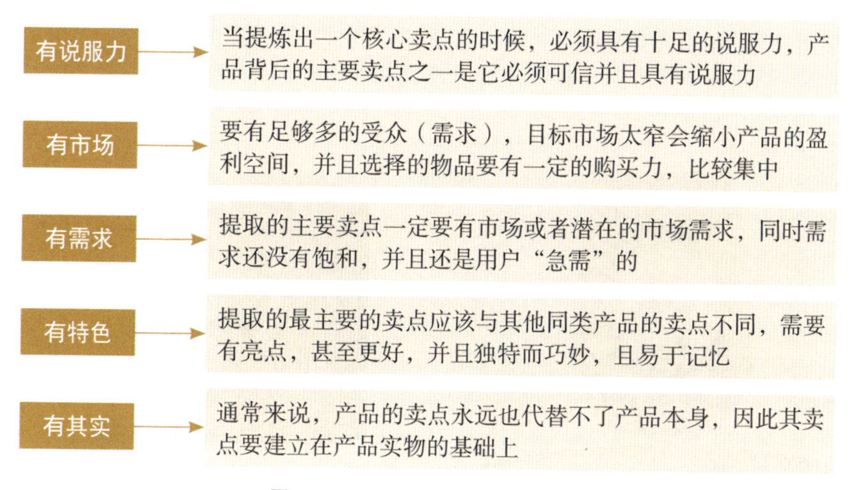

图 2-15　寻找产品卖点的 5 大原则

图 2-16 所示为以“当季新鲜”“果实饱满”作为卖点的车厘子，图片所展示的车厘子红彤彤并且晶莹剔透，看起来非常有食欲。

图 2-16　以“当季新鲜”“果实饱满”作为卖点的车厘子

2.2.4 方法 4：故事

用户对产品的记忆有利于增加产品的附加值，好的产品记忆可以提高用户的信任度，从而稳定客户，扩大客户群体。例如，通过给产品增加一个故事，可以使农产品更加值钱。

图 2-17 所示为指天椒酱的产品图。指天椒的产地为海拔在 800 米以上的云贵高原上的天等县，四周皆为山。传说，因为上苍感动于当地民众的勤劳、毅力，特地将指天椒赏赐给他们。

图 2-18 所示为褚橙的产品图。故事的主人公当年从烟王变成了囚犯，而后却在 75 岁时又重新创业，将普通的橙子“渲染”成了“励志橙”。一方面，用户是因为主人公对橙子的精心栽培，从而使他生产出来的橙子更加甜美；另一方面，也是因为想品味、学习主人公那种在失意后仍然不服输、永不放弃的精神。

图 2-17 指天椒酱的产品图

图 2-18 褚橙的产品图

在给产品增加一个故事时，运营者有时会走入一些误区，有时则是创作出来的故事并没有那么精彩和吸引用户，无法为产品增加附加值。这里有几点关于需要注意的产品故事误区和如何讲好产品故事的技巧。

1. 产品故事的误区

（1）觉得产品故事就是一篇小文章。

创作产品故事并不等于写一篇小文章，一个产品或者品牌背后的故事是一些企业或运营者的期待，这也是很多专业机构的通用做法。但是，有些产品故事在定稿以后往往只是一篇小文章，用户看完就忘记了，并不能发挥其真正的效用。运营者也无法记住这些故事并运用到直播和短视频中，用户也没有耐心去听。这些小文章描述的故事大多不真实，所以很难有好的效果。

（2）认为故事要“无所不包”。

诚然，关于特色农产品的故事往往是在深入研究当地的地域特征、产品特征、文化习俗及历史传承后，再结合当今市场用户的需求、消费心理等形成的。

但是，有的运营者将所有与地方特产相关的内容都写进故事中，这其实是不可取的，这种表面上“整体”的方式实际上缺乏对核心价值观的细化。通过把当地的文脉杂糅在一起，让用户自己去了解，造成了最终无法带出最有价值的品牌信息的结果。

（3）认为故事要“白璧无瑕”。

其实，我们不难发现，现在有很多人衡量一篇农产品故事好坏的标准，取决于这篇故事的辞藻、文风及有没有引经据典等。事实上，文案创作也好，产品故事也罢，出发点都应该是能否更好、更准确地传达产品的核心品牌价值。

2. 讲好产品故事的技巧

那么，如何讲好产品故事呢？相关技巧如下。

（1）核心价值。

要想讲好一个故事，其核心价值必不可少。与其说讲故事，不如说找准“核心价值”，用“核心价值”打动用户。图 2-19 所示为有着核心价值故事的玉米品牌，这个玉米品牌围绕其产品具有“甜”的特点，打造了一个独一无二的核心价值，然后以这个核心价值为基础推出了一系列营销推广活动，讲述好产品的故事。

图 2-19　有着核心价值故事的玉米品牌

（2）生活化。

绝大多数人都“以生活为导向”，我们日常生活中说过的话语，重复过多次的成语，都是讲述产品故事、创作宣传口号非常好的素材。图 2-20 所示为有生活化语句的产品宣传图，讲好产品故事可以采用这类“甜到你心里”“百吃不腻”“爆款闭眼入”等生活化的语句。

图 2-20　有生活化语句的产品宣传图

（3）重要的事情说三遍。

将核心价值提炼好后，用简单明了的生活化语言讲述出来，最后就是“重复”。“重要的事情说三遍”是为了更好地记忆。不断地重复，才能更加深入人心，让用户在购买同类产品时优先选择本产品。

对于农产品的包装设计，讲好产品故事的相关技巧总结如图 2-21 所示。

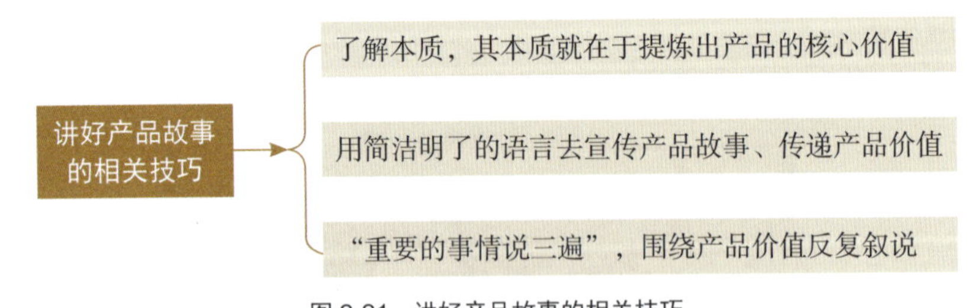

图 2-21　讲好产品故事的相关技巧

2.2.5　方法 5：特色

突出产品特色，例如原生态形象、农产品区域特色等，能让用户一目了然地看到产品状况的外包装，以及清晰简明的关键信息。清晰、井然有序的标签，才能获得用户的青睐。

此外，任何类型的农产品都有其特定的背景，例如历史、地理环境、人文风俗等，这些特征都可以在包装设计中得到恰当地运用。

图 2-22 所示为特色茶叶包装，该包装将烟与茶相结合，并且融合了当地吸烟现象较多的人文环境，彰显了“以茶代烟”的健康生活理念。

图 2-22　特色茶叶包装

图 2-23 所示为具有满族特色的产品包装，该品牌是中国传统品牌，起源于宫廷，其已有 190 多年历史，是天津的特产之一，其每个包装上都印有“满族”字样，表明它是满族食品，彰显民族特色，与百年中国品牌相得益彰。

图 2-23　具有满族特色的产品包装

2.2.6 方法 6：便携

农产品的包装具有创新性，固然能吸引更多的用户进行购买，但是在考虑创新的同时，还要注意产品的便携性，过于强调创新性是不够的。有时候，从产品的便携性方面去考虑，说不定也能创作出让人耳目一新的产品包装。此外，也可以将两者相结合来进行设计。

具有创意的包装，并不是一味地考虑创新而不考虑其最本质的作用。图 2-24 所示为创意与实用性相结合的包装案例，运营者将大米包装袋做成束口袋，与其他的大米包装袋相比具有新意，同时还保证了实用性。

图 2-24　创意与实用性相结合的包装案例

图 2-25 所示为具有便携性的农产品包装案例，将大米的包装设计成一个盒子的形状，用户在拿的时候可能不太方便，因此在盒子的基础上加上了一个可以提起来的绳子，让产品包装更具便携性。

图 2-25　具体便携性的农产品包装案例

2.2.7 方法 7：地域

农产品品质的好坏受很多因素的影响，包括产地，不同产地的产品品质也不一样。例如，有些地方以生产某些产品和原材料而闻名，这也是大家这么喜欢“山东烟台红富士苹果”“新疆葡萄”的原因。

图 2-26 所示为融入当地特色的包装案例，该产品将当地风光绘画作品印制在包装上，还结合了当地传统文化，使得整体包装独具民族气息。

图 2-26 融入当地特色的包装案例

图 2-27 所示为展现东北特色的包装案例，产品通过插画的形式展现了东北的大平原景观，色调鲜艳明亮，画面中稻草颗粒饱满的样子表现了产品生长的优质环境。画面中还展现了平原周围的房屋和田地，给人一种很和谐的人文氛围。通过提取农产品原产地的地域特色来进行包装设计，可以使包装更具辨识度。

图 2-27 展现东北特色的包装案例

图 2-28 所示为展现当地特色的包装案例，该产品产自香格里拉雪山下的核桃林，包装上印有香格里拉雪山和核桃林的图案，能够很好地展现出该产品的当地特色和地域优势。

图 2-28　展现当地特色的包装案例

第 3 章

Who：谁来卖呢？主播培养

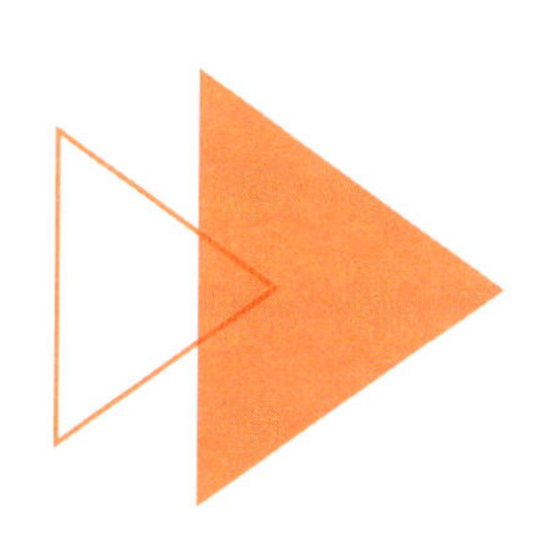

一场直播中，用户最先看到的便是主播，就好像一件商品的包装一样，直接决定了用户能否留在直播间。因此，选择一个好的主播至关重要。此外，选择主播是第一步，还需要快速打造一个优质主播，从而吸引用户的注意力。

3.1 3条渠道，找到适合的主播

主播这个职业，实际就是一个优秀的推销员，而作为一个商品推销员，最关键的就是可以获得流量，从而让商品的转化率可以爆发。如果不能提高商品的转化率，就算主播每天夜以继日地直播，也很难得到满意的结果。

现在很多平台上的运营者和商家并没有太多的推销经验，因此带货卖货的效果并不好，此时即可考虑寻找高流量的优质带货主播进行合作，让合适的人做合适的事。主播就像是一场活动的主持人，对带货推销起着关键性的作用，所以有一位好的主播至关重要。那么，去哪里找好的主播呢？本节将介绍具体的渠道。

3.1.1 渠道1：官方平台

如今，直播带货行业已经越来越火了，而主播作为其中重要的一员，商家对其的需求也越来越大。目前，有很多的电商平台也会推出自己的官方主播资源合作平台。

1. 拼多多

在拼多多找主播有两个渠道，分别为多多进宝和手机代播。进入拼多多商家后台的“多多进宝→推广设置→单品推广”页面，其中包括“我要上榜单”“新品起量助力”“爆品持续曝光”等推广场景。下面以“我要上榜单”推广场景为例，介绍具体的操作方法。

步骤01 ❶商家可以在下方的推荐商品列表中选择相应的商品；❷单击“创建推广计划并获取资源位”按钮，快速进行推广；❸也可以单击“更多商品创建推广计划”按钮，选择其他的商品进行推广，如图3-1所示。

图3-1 单击“更多商品创建推广计划”按钮

步骤 02 进入“新建商品推广→添加商品”页面，❶商家可以在下方的列表框中选中要推广的商品；❷单击“下一步”按钮，如图3-2所示。

图 3-2　单击“下一步”按钮

步骤 03 进入“推广设置”页面，❶在此设置单个商品的基础佣金比率和优惠券；❷单击“确认”按钮，如图3-3所示，即可创建多多进宝推广活动。添加优惠券能让商品对用户更有吸引力，从而大幅度提升商品购买率。

图 3-3　单击“确认”按钮

商家在多多进宝中设置直播商品的推广计划后，当主播看到该推广计划时，如果觉得佣金比率合适，即可直接添加到自己的直播间去推广商品。当主播通过直播卖出商家设置的推广商品后，商家可以根据后台数据情况来给主播结算佣金。

代播功能是指商家可以邀请达人或其他店铺主播来直播本店的商品，并且在店铺主页或商品详情界面中展示达人或其他店铺主播的直播间，如图 3-4 所示。

图 3-4　在店铺主页或商品详情界面中展示直播间

下面介绍邀请他人代播的具体操作方法。

步骤 01 进入“多多直播”界面，点击右上角的“设置”按钮，进入“设置”界面，点击“邀请他人代播”按钮，如图3-5所示。

步骤 02 进入“代播管理”界面，点击“代播广场”按钮，如图3-6所示。

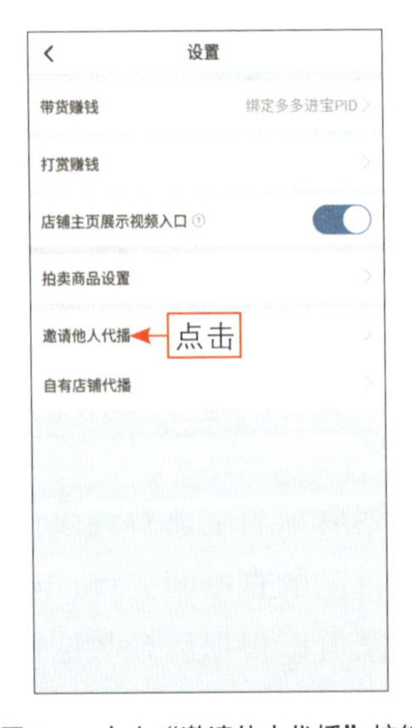

图 3-5　点击“邀请他人代播”按钮

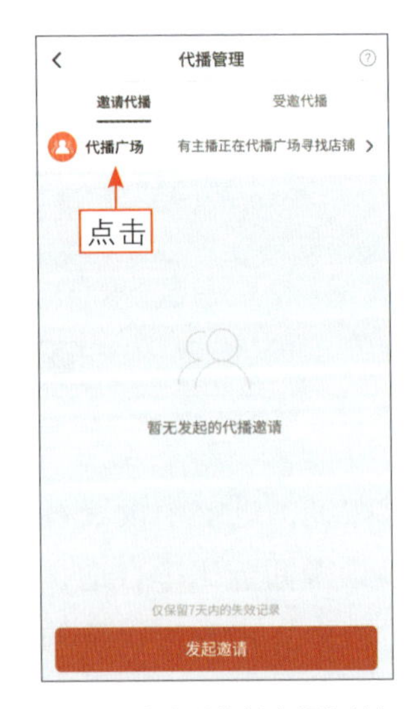

图 3-6　点击“代播广场”按钮

步骤 03 进入“多多直播官方代播广场”界面，❶展开“筛选”列表；❷在“擅长类目”中选择相应的商品类目；❸点击“确认”按钮，如图3-7所示。

步骤 04 执行操作后，即可筛选出相应类目的主播，如图3-8所示。

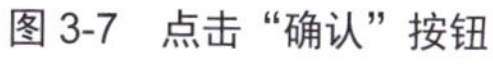
图 3-7　点击“确认”按钮

图 3-8　筛选出相应类目的主播

步骤 05 选择合适的主播后，点击“谈合作”按钮，即可跟主播或店铺进行合作沟通，如图3-9所示。

步骤 06 另外，❶商家也可以在代播广场中点击右上角的“发布”按钮；❷在弹出的提示信息框中点击“发布”按钮，发布找主播代播的信息，让主播主动找到你，如图3-10所示。

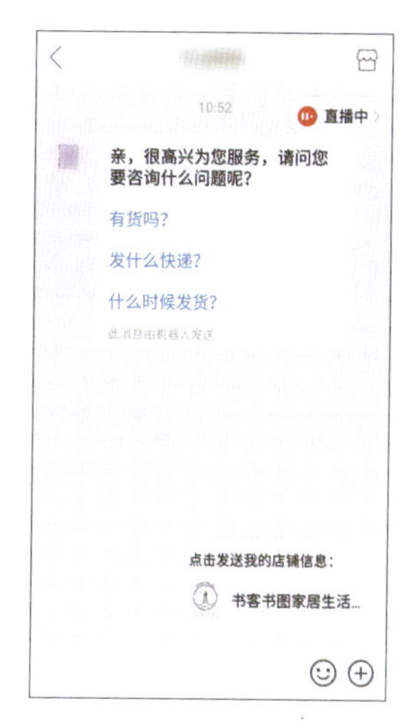

图 3-9　跟主播私聊

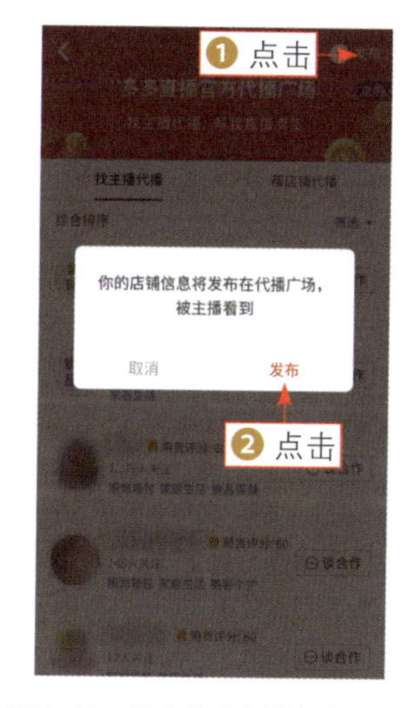

图 3-10　发布找主播代播的信息

邀请代播成功后，即可在店铺主页或相应的商品详情界面中，显示直播悬浮窗。对拼多多商家来说，代播的好处如图 3-11 所示。

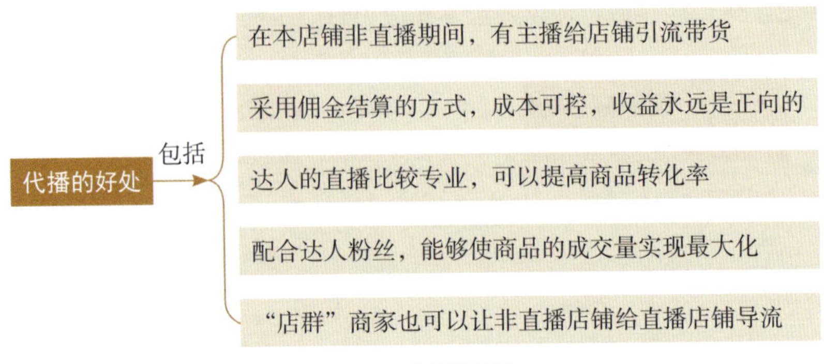

图 3-11　代播的好处

2. 淘宝

下面介绍在淘宝平台寻找主播的具体操作方法。

步骤 01 进入阿里V任务官方网站页面后，单击右上角的“登录/注册”按钮，如图3-12所示，用自己的店铺账号登录。

图 3-12　单击“登录 / 注册”按钮

步骤 02 商家登录平台后，若未入驻过平台，可单击“我是需求方”选项区下面的“入驻资质查询”按钮，如图3-13所示，查看是否符合相关入驻要求。

步骤 03 若符合要求，在选择“店铺”入驻类型，单击“店铺”选项区下的“马上开通”按钮，即可马上开通，如图3-14所示。

图 3-13　单击“入驻资质查询”按钮

图 3-14　单击“马上开通”按钮

步骤 04 执行操作后，进入“开通店铺身份”页面，如图3-15所示，按要求填写完店铺信息，选中相应平台协议前的复选框，单击“确定”按钮后即完成入驻，然后便可以在V任务平台进行操作了（天猫商家入驻V任务平台还需要绑定运营号）。

图 3-15　进入“开通店铺身份”页面

步骤 05 完成以上操作后，平台甄选了一批优质且适合商家的主播，减少商家的筛选成本，并结合主播在内容领域的表现，提供榜单，如图3-16所示。单击相应主播的头像，可以进入主播个人主页查看往期作品（榜单数据仅供参考）。

图 3-16　精选达人推荐

步骤 06 来到达人主页可查看服务详情、粉丝分析、历史作品数据及主播的累计评价等，方便商家全面地了解主播。商家可以根据这些综合信息分析该主播是否适合自己，如图3-17所示。

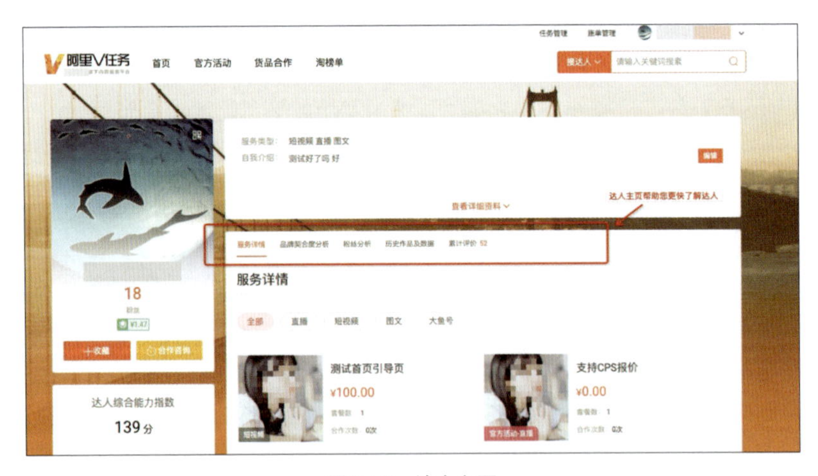

图 3-17　达人主页

发现了适合的农产品主播后，商家可以单击“合作咨询”按钮进入洽谈环节，先与服务方进行沟通，之后再下单。

3.1.2　渠道 2：商家论坛或社群

除了通过官方平台找主播，还有一种方式，就是去商家论坛或者去百度贴吧找一些社群、主播资源，也可以加入一些付费的社群，社群中一般会有很多机构资源，商家可以进行对接。值得注意的是，这种一般倾向于以“纯佣”的方式来合作，不用收取额外的费用。

商家可以❶在百度贴吧上直接搜索“带货主播”关键词，进入“带货主播吧”页面；❷单击图标发帖，如图3-18所示。

图 3-18　单击相应的图标

3.1.3　渠道 3：第三方平台

第三方通常是指相对于甲方、乙方之外的丙方。在交易中，第三方一般指的是在中间进行交易的平台，比如淘宝网就属于第三方电商平台。寻找主播的第三方平台有很多，下面笔者介绍 4 个常用的第三方平台。

1. MCN 机构

说到第三方平台，就绕不开 MCN 机构。MCN 机构是运行 MCN 模式的机构，MCN 起源于国外成熟的网红经济运作，通过专业内容生产（Professional

Generated Content，PGC）将内容整合，在强大的资金支持下，保证内容的持续输出，最终实现商业的稳定变现。

图 3-19 所示为艾媒咨询发布的部分《2023 十大 MCN 机构品牌排行榜》，商家可以自行在网上搜索全部排行榜并按照这个排名自行选择第三方机构。

图 3-19　2023 十大 MCN 机构品牌排行榜

值得注意的是，这些机构比较适合资产雄厚的企业和商家，不适合小型的商家。

2. 数据分析平台

除了 MCN 机构，商家选择主播的时候还可以使用一些数据分析平台。例如，市场上最常用的数据分析平台有蝉妈妈、飞瓜数据和知瓜数据。选择数据分析平台的好处是，你可以根据自己的需求和平台上的数据，为你的产品选择合适的主播。

下面介绍在蝉妈妈平台选择主播的具体操作方法。

步骤 01 进入蝉妈妈官方网站页面后，❶单击右上角的“注册/登录”按钮，按要求注册并登录好；❷之后在左上角选择需要进行直播带货的平台，值得注意的是，这个数据分析平台只有抖音和小红书这两个平台的数据及主播资源；选好平台后；❸单击“找达人”按钮，如图3-20所示。

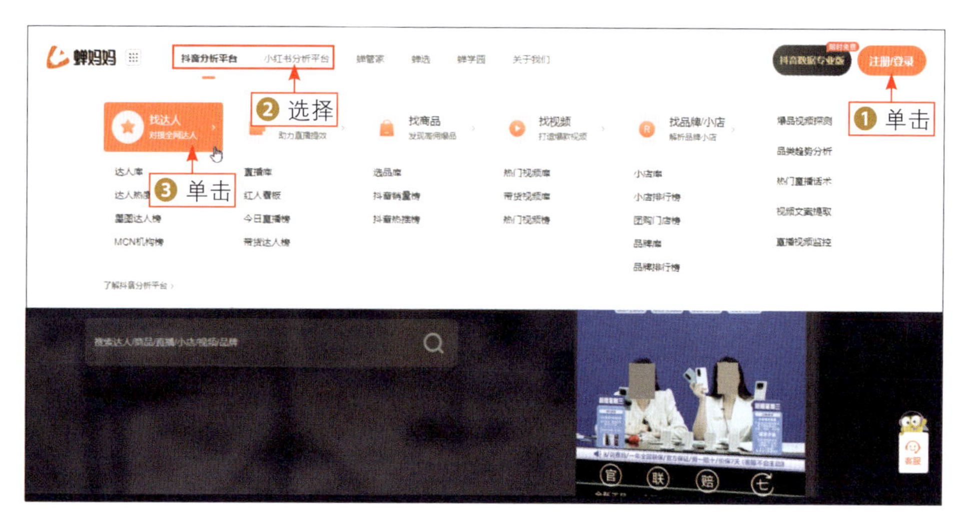

图 3-20　单击“找达人”按钮

步骤 02 进入“达人库”页面后，如图3-21所示，可以直接在搜索栏里输入达人名称、抖音主页链接或抖音号。然后根据自己的需求在“达人分类”“带货分类”等选项区域选择适合自己的主播，在“筛选条件”选项区域进一步筛选适合自己的主播类型。设置好条件后，便可看到符合条件的主播的粉丝总量、粉丝增量等情况。

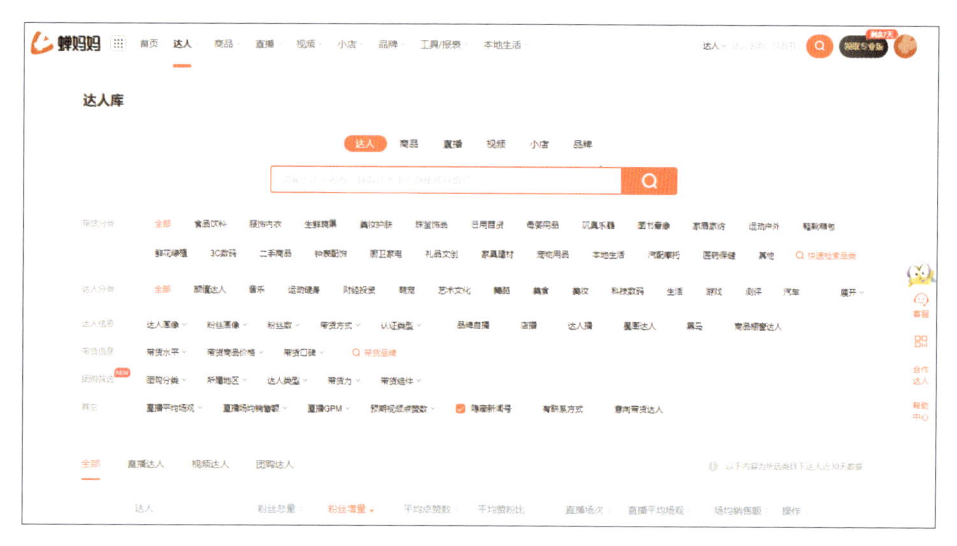

图 3-21　“达人库”页面

步骤 03 选择相应的主播后，进入该主播的“达人”页面，如图3-22所示，可以看到关于主播的“基础分析”“直播分析”等信息。

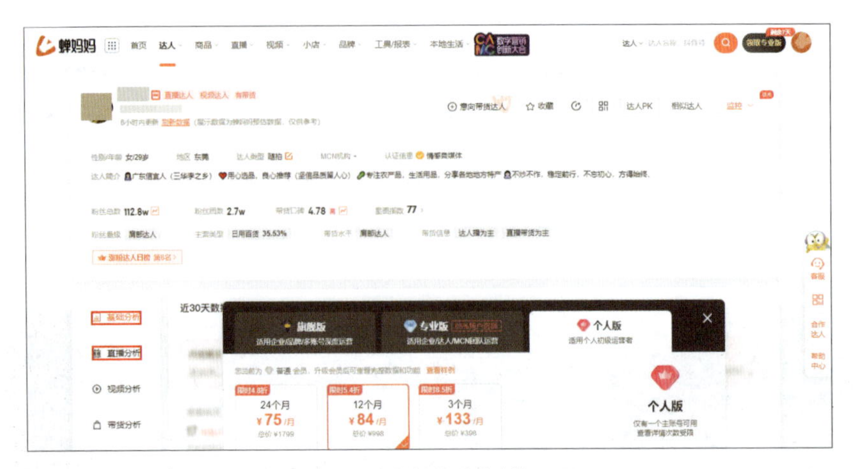

图 3-22　该主播的“达人”页面

步骤 04 在“基础分析”页面中可看到主播推广的品类、销售最佳的品类；在“粉丝分析”页面中可看到主播的粉丝增量等情况。商家根据这些数据与自己的产品进行匹配，从而选择适合自己产品的主播。图3-23所示为“粉丝分析”页面。

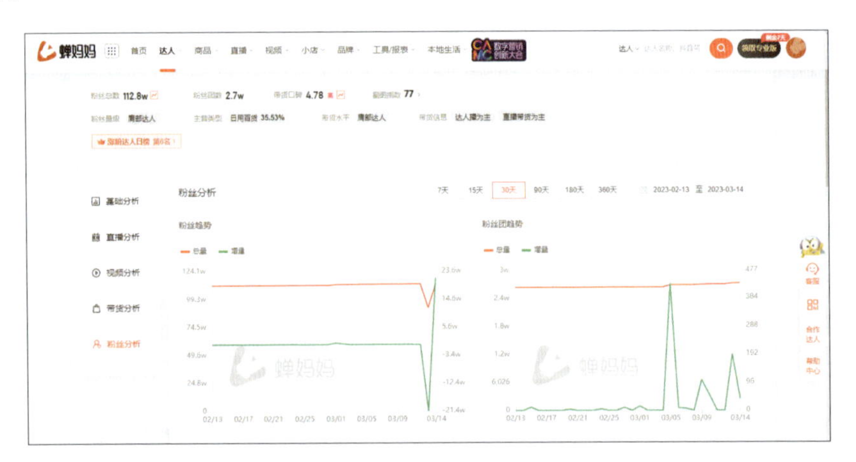

图 3-23　“粉丝分析”页面

许多第三方机构向我们推荐的主播，我们也可以通过这种类型的数据分析平台将相关数据可视化。当然，这仍然不能排除刷数据的情况。我们需要稍微扩展数据的时间范围，并分析过去和现在的直播带货数据的变化。

3. 媒体资源采购平台

有一些媒体资源采购平台上也存在着主播资源，相比 MCN 机构，这种资源采购平台会进行一定的筛选，会少一些“套路”，常见的媒体资源采购平台有传播易、微播易等。

下面以传播易平台为例，介绍具体的操作方法。

步骤 01 商家进入“传播易”官网页面后，❶单击“登录”按钮完成登录操作；❷在“全部媒体分类”列表中选择“带货主播”选项，如图3-24所示。

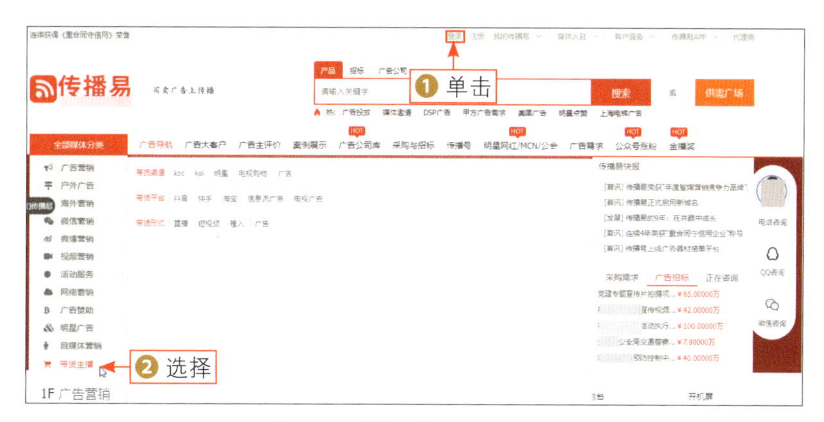

图 3-24　选择“带货主播”选项

步骤 02 进入相应的页面，商家可根据自己的需求设置“分类”“渠道”“形式”选项，选择合适的主播，如图3-25所示。

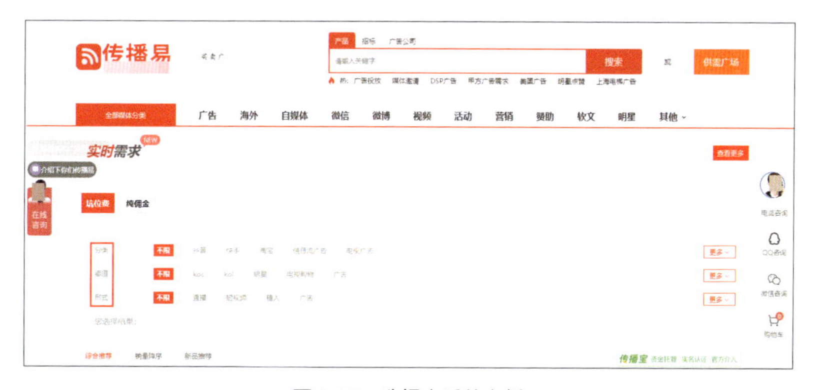

图 3-25　选择合适的主播

值得注意的是，世界上没有免费的午餐。不要以为你的产品很好就可以“空手套白狼”，网红主播都是拿钱帮你卖货的。目前商家合作的计费方式有两种，第一种是“占坑费 + 佣金”的方式，第二种是“纯佣”的方式，纯佣金意味着不收“占坑费”。只收取“纯佣费”一般有两种情况，一是收不到“占坑费”，二是主播对自己的带货效果充满信心。不过带货的效果很好的话，后期也会收取“占坑费”的。

“占坑费”的字面意思是商家必须支付给主播占坑的费用。如果一个商家的农产品想要出现在直播间，就必须支付固定的费用。也就是说，如果你希望网红主播帮助你将农产品带入直播间并推广的话，就需要交给主播“占坑费”，也称为服务费。

支付“占坑费”后，你的农产品就有资格出现在主播的直播间。至于农产品能不能卖出去，能卖出去多少，都是主播不能承诺并且保证的。目前，大多数直播带货的主播都要收取“占坑费”，这主要是为了保障主播的权益，采用提前收费的方式。

“纯佣”的合作方式是主播帮忙卖出去多少货，对应的收取其中的一部分提成。如果主播卖出去100万的农产品，而商家与主播商定的佣金为销售额的20%，那么主播就会收取其中的20万作为佣金。当然佣金的比例也不尽相同，根据主播的等级、产品的不同，佣金的比例也会有所不同，市场上的主播红人佣金大多集中在20%～40%。

如果你想以“纯佣”的方式与网红带货主播进行合作的话，大多数主播都会不愿意，除非你的农产品质量特别好，消费者特别喜欢，销量一直很高，主播觉得很划算的话才会不收取“占坑费”。

4. U渠道

如果你没时间去联系主播的话，可以去U渠道发布需求，这是一个实名制商务对接平台。在这个平台上，你只需要发布对主播的要求，之后就会有很多机构或主播来联系你。下面介绍在U渠道发布需求的具体操作方法。

步骤 01 进入U渠道官网，❶单击“登录”按钮（未注册的先按要求注册）；❷选择左侧列表栏中的“发布”选项，如图3-26所示。

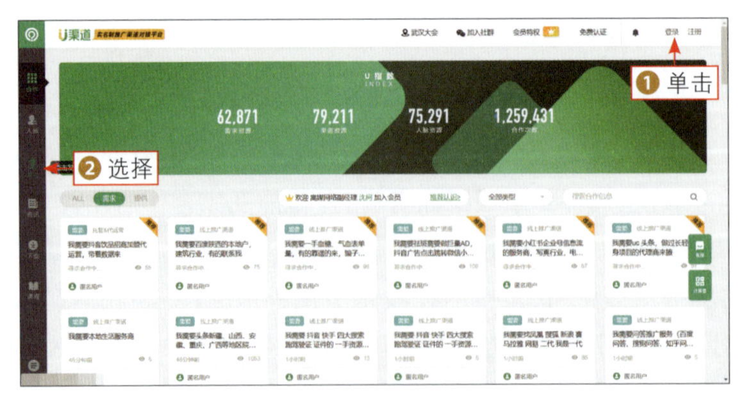

图3-26 选择“发布”选项

步骤 02 进入需求发布页面，单击“找渠道合作”按钮，如图3-27所示。

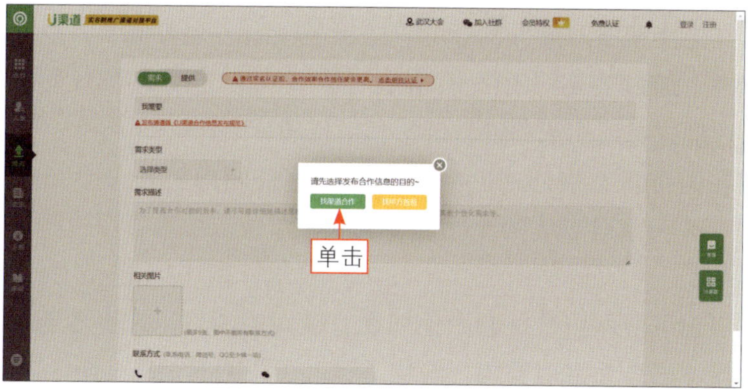

图 3-27　单击“找渠道合作”按钮

步骤 03 进入找渠道合作页面，如图3-28所示。商家首先简要填写所需要的主播的情况、类型和要求，接着需要上传相关照片并且填写你真实的联系方式，最后单击“确认发布”按钮即可发布。

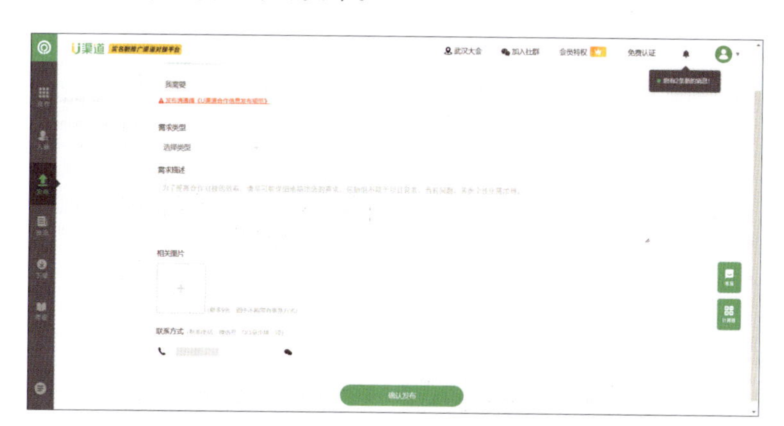

图 3-28　找渠道合作页面

3.2　3 种个人身份，拉近与用户的距离

当主播在直播间推荐不同的产品时，其形象也不尽相同。卖农产品的话，可以是当地领导，这种形象可以让用户更加信任；最多的形象是地地道道的农民，这样的形象可以拉近与用户的距离。还有一种方式，那就是以网红的形象来推荐。不管是何种形象，都要不邋遢、不娇艳，毕竟农产品直播间是带货平台，不是秀场。

3.2.1 身份 1：当地领导

与网红主播相比，地方领导的直播更具吸引力和可信度。地方领导改变以往的形象，通过“县长代言 + 商品直播”的形式推广本地优质产品，创造了新的推广形式，给用户一种新奇感和信任感。

在现在的带货直播间内，当地领导在直播间内算是一个特殊的群体，并且他们一改大家对当地领导严肃形象的印象，亲切地与用户聊天、品尝农产品。

有时，为了留住用户并刺激他们在直播间内消费，许多当地领导使出浑身解数甚至演唱歌曲来引导用户购物，赢得了舆论的赞扬。图 3-29 所示为当地领导直播带货的相关信息。

图 3-29　当地领导直播带货的相关信息

当地领导直播不仅为农产品打开了知名度，还带来了可信度，同时还带动越来越多的年轻人通过网络平台寻找就业和创业的机会，发展了当地的经济，打开了一个新的扶贫模式。

当地领导为了更好地推荐当地滞销的农产品，一改以往严肃的面貌，在直播间内卖力地推荐当地农产品及风土人情，这一系列的做法可以在用户心中塑造一个爱民、亲切的形象，也可以带动当地农产品的销量及经济的发展。

例如，龙江县地方领导通过直播活动，讲述龙江故事，宣传龙江农产品，推动了行业发展。在直播期间，会不时送出消费券、折扣等购物福利，不少用户和粉丝纷纷点赞并且下单，货品被频频"抢断""秒空"。图 3-30 所示为龙江县地方领导直播带货的相关信息。

图 3-30　龙江县地方领导直播带货的相关信息

该领导直播带货一个多小时，在线用户达 20 多万人，订单达 6100 多单，销售额达 100 万元以上，当日全店销售额达到 236 万元。本次直播拓宽了县内特产的销售渠道，促进整个行业的振兴和发展。

3.2.2　身份 2：地道农民

卖生鲜和农产品的店铺，主播需要接地气一些。淳朴憨厚的农民形象就很接地气，用户的排斥感会小很多，因此也会非常愿意去了解他们的产品。此外，他们的直播场景也很贴近日常生活，容易拉近与用户的距离。因此这样的直播间对用户来说更有吸引力，而且产品甚至就是主播自己种出来的，对产品的播种、生产流程他们比谁都清楚，也让用户更加放心。

图 3-31 所示的两个不同的农产品直播间，都采用了地道的农民照片作为封面，给人一种接地气，容易让人信任的感觉。

图 3-31　用地道农民照片作为封面的农产品直播间

图 3-32 所示为两个农民做主播的直播间。在直播间内展示主播在做农活、整理农产品的画面，这样的主播更能让用户放心。

图 3-32　农民做主播的直播间

3.2.3　身份 3：网络达人

有些农产品直播间是以网络达人走访原产地、加工现场的方式来进行直播的。这种直播方式的好处是：一方面，相对于地地道道的农民及当地领导，达人对于直播间的处理方式会相对娴熟，出现的问题相对较少；另一方面，达人本身具有一定的流量或热度，通过达人来访的角度直播，可以减少前期直播间内关注度较少的情况。

图 3-33 所示为两个抖音达人三农博主的相关信息。他们以当地达人来访的角度直播，带动了当地该产品的销售量。

图 3-33　两个抖音达人三农博主的相关信息

3.3　3 大必备能力，培养专业的主播

主播要想获得成功，必须培养 3 个方面的素养，即专业能力、心理素质和语言能力。本节分别讲解这 3 个方面素养的培养方法。

3.3.1　能力 1：专业素养

要想成为一名具有超高人气的主播，就要具备专业素养。直播行业竞争日益激烈，只有培养好以下几种专业素养，才能在直播这片肥沃的土壤上扎根。

1. 个人才艺

主播应该具备各种各样的才艺，让用户眼花缭乱，为之倾倒。才艺的范围十分广泛，包括唱歌、跳舞、乐器表演、书法绘画和游戏竞技等。只要你的才艺让用户觉得耳目一新，能够引起他们的兴趣，让他们为你的才艺“一掷千金”，那么你的才艺就是成功的。

在直播平台上，有不计其数的主播，其中大多数主播都拥有自己独有的才艺。才艺好的主播，人气自然就高。图 3-34 所示为表演书法才艺的主播。

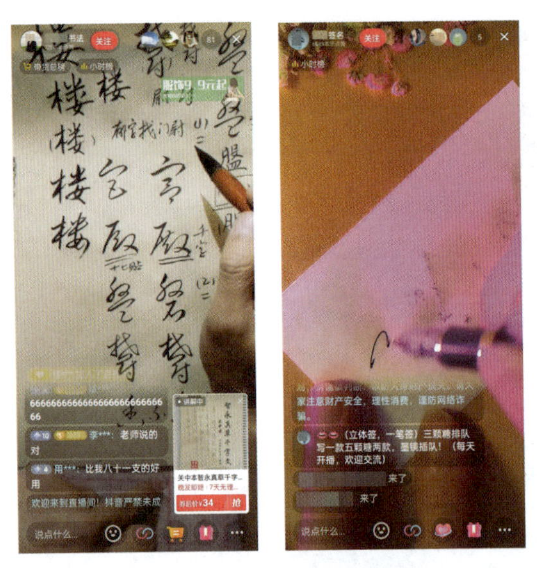

图 3-34　表演书法才艺的主播

2. 言之有物

一个主播想要得到用户的认可和追随，那么他一定要有清晰且明确的三观，这样说出来的话才会让用户信服。如果主播的观点既没有内涵，又没有深度，那么主播是不会获得用户长久支持的。

那么，应该如何做到言之有物呢？首先，主播应树立正确的价值观，始终保持自己的本心，不空谈；其次，还要掌握相应的语言技巧，主播在直播时，必须具备的语言要素包括亲切的问候语、通俗易懂和流行时尚；最后，主播要有自己专属的观点。只有将这三者结合，主播才能达到言之有物的境界，从而获得专业素养的提升。

3. 精专一行

俗话说：“三百六十行，行行出状元。”主播要想成为直播界的状元，就要拥有一门擅长的技能。一个主播的主打特色就是由他的特长支撑起来的。

比如，有的主播乐器弹奏水平很高，于是他专门展示自己的弹奏技能；

有的主播某个游戏玩得好，于是他直接在直播中展示玩该游戏的操作；有的主播天生有一副好嗓子，于是他在直播中分享自己的歌声。

主播只要精通一门专业技能，行为谈吐接地气，那么月收入上万也就不是什么难事了。当然，主播还要在直播之前做足功课，准备充分，才能将直播有条不紊地进行下去，让直播获得良好的反响。

4. 聚焦痛点

在主播培养专业素养的道路上，有一点极为重要，即聚焦用户的痛点。主播要学会在直播的过程中寻找用户最关心的问题和感兴趣的点，从而更有针对性地为用户带来有价值的内容。

挖掘用户的痛点是一项长期的工作，但主播在寻找痛点的过程中，必须要注意以下 3 个事项。

（1）对自身能力和特点有充分了解，能认识到自己的优缺点。

（2）对其他主播的能力和特点有所了解，对比他人，学习他人的长处。

（3）对用户心理有充分的解读，然后创作对应的内容来满足用户的需求。

主播在创作内容的时候，要抓住用户的主要痛点，以这些痛点为标题，吸引用户的关注，并弥补用户在社会生活中的各种心理落差。用户的痛点主要包括安全感、价值感、自我满足感、亲情爱情、支配感、归属感和不朽感等。

3.3.2　能力 2：心理素质

直播和传统的节目录制不同，要使节目达到让用户满意的效果，可以通过后期剪辑来表现笑点和重点。因此，一个主播要具备良好的现场应变能力和丰厚的专业知识。

一个能够吸引众多用户的主播，仅仅靠颜值、才艺和口才是不够的。直播是一场无法重来的真人秀，就跟生活一样，没有彩排。在直播的过程中，主播一定得具备良好的心理素质，才能应对以下种种情况。

1. 信号中断

信号中断，通常在借助手机做户外直播时发生。信号不稳定是十分常见的事情，有的时候主播甚至还会面临长时间没有信号的情况。如果在直播过程中，主播只看到评论区的变化，而直播画面却一直显示“加载中”，就说明主播的信号不太稳定，或者主播的信号已经中断了。

面对这样的情况，主播应该平稳心态，先试试变换地点，看这样能否会连接到信号，如果不行，就耐心等待。因为也许有的忠实用户会一直等候直播开播，所以主播要做好向用户道歉的准备，再利用一些新鲜的内容活跃气氛，再次吸引用户的关注。

2. 突发事件

各种各样的突发事件在直播现场是不可避免的。当发生意外情况时，主播一定要稳住心态，让自己冷静下来，打好圆场，给自己台阶下。

在直播过程中，主播也要学会把节目流程控制在自己手中，应该不断修炼自己，多多积累处理突发事件的经验，做到面对各种突发事件都能静下心来解决好。

3.3.3 能力3：语言技巧

一个优秀的主播，如果没有掌握相应的语言技巧，就如同一名优秀的击剑运动员没有剑，这是万万行不通的。想要拥有过人的语言能力，让用户舍不得错过直播的一分一秒，就必须从多个方面来培养。下面介绍主播掌握语言技巧的方法。

1. 亲切沟通

在直播的过程中，主播与用户的互动是不可或缺的，但是聊天也不可口无遮拦，主播要学会三思而后言，切记不要太过鲁莽或心直口快，以免对用户造成伤害或者引起用户的不悦。

此外，主播还应避免说一些不利于用户形象的话语。在直播中，主播应学会与用户保持一定的距离，玩笑不能开大了，但又要让用户觉得你平易近人、接地气。那么，主播应该从哪些方面进行思考呢？本书对主播需要思考的几点作了总结，具体如下。

（1）什么该说与不该说？

（2）事先做好哪些准备？

（3）如何与用户亲切沟通？

2. 懂得倾听

懂得倾听是一个美好的品质，同时也是主播必须具备的素质。和用户聊天谈心，除了会说，还要懂得用心聆听。

例如，一位用户评论一名主播说近期的直播有些无聊，没什么有趣的内容，都不知道说些什么。于是，该主播认真倾听了用户的意见，精心策划了搞笑视频直播，赢得了几十万的点击量，获得了无数好评。

虽然表面上看来直播是主播占主导地位，但实际上是用户占据主导地位。用户愿意看直播的原因就在于能与自己感兴趣的人进行互动，主播要了解用户关心什么、想要讨论什么话题，就一定要认真倾听用户的心声和反馈。

3. 理性对待

在直播中，主播可能会遇到个别负能量爆棚又喜欢怨天尤人的用户，甚至有的用户还会强词夺理说自己的权利遭到了侵犯。面对这种情况，有的脾气暴躁的主播说不定就会按捺不住心中的不满与怒火，将矛头指向用户，并给予其不恰当的人身攻击，这种行为是相当愚蠢的。

作为一名心思细腻、七窍玲珑的主播，应该懂得理性对待用户的消极行为和言论。那么，要如何理性对待用户的消极行为和言论呢？笔者认为主播可以重点做好以下 3 点。

（1）善意地提醒。

（2）明确不对之处。

（3）对事不对人。

一名成功的主播，一定有他的过人之处。对用户的宽容大度和正确引导，是培养主播语言能力的过程中要把握的重点。当然，正确的价值观也会为主播的直播内容增添不少光彩。

4. 选择时机

每一个主播在表达自己的见解之前，都必须挑对说话的时机、把握好用户的心理状态。如果主播丝毫不顾及用户心里怎么想，不会把握说话的时机，那么只会事倍功半，甚至做无用功。但只要选择好了时机，那么让用户接受你的意见还是很容易的。

例如，主播在讲解某商品时，可以先介绍它的优势及原价，然后告诉用户本场直播会有优惠，最后告知直播价并要求运营直接改价。这样用户就会比较期待该商品的优惠力度，如果商品的优惠力度比较大，用户则更愿意下单进行购买。图 3-35 所示为某农产品直播间，在这个直播间下单购买的价格是原价的 6.9 折。

图 3-35　某农产品直播间

5. 谦和友好

主播和用户交流沟通，要谦和一些、友好一些。聊天不是辩论比赛，没必要分出个你高我低，更没有必要因为某句话或某个字眼而争论不休。

如果一个主播想借纠正用户的错误，或者发现用户话语中的漏洞这种低端的行为，来证明自己多么的学识渊博、能言善辩，那么这个主播无疑是失败的。因为他忽略了重要的一点，那就是直播是主播与用户聊天谈心的地方，不是辩论赛场，也不是相互攻击之处。主播在与用户沟通时的诀窍，笔者总结为 3 点，具体如下。

（1）理性思考问题。

（2）灵活面对窘境。

（3）巧妙指点错误。

语言能力的优秀与否，与主播的个人素质也是分不开的。因此，在直播中，主播不仅要着力于提升自身的语言能力，同时也要全方面认识自身的缺点与不足，从而更好地为用户提供服务，成长为高人气的专业主播。

3.4　5 类团队成员，组建优质队伍

近年来，直播带货一直都是备受关注的热门话题。一场农产品直播往往

是由多人组成一个统筹全场的团队，各自负责相应的事务。本节就来分析一下一个直播团队是怎样进行分工合作的。

3.4.1　成员 1：主播与助播

通常情况下，一个完整的农产品带货直播间包括主播、助播、运营、场控、数据分析及客服等工作人员。当然，有能力的商家或者运营者也可以身兼数职，但同样需要理清这些直播角色的作用，这样才能够事半功倍，提升直播间的带货效率。

1. 主播

在进入直播间的时候，主播是用户最先看到的人物，因此主播的形象就像封面，对用户是否愿意进入直播间有很大的影响。

主播的职责是讲解产品、介绍活动、统筹全场、与粉丝互动等，如图 3-36 所示，因此就需要主播在直播前做好准备、了解产品，并且有足够的控场能力。因为主播是直接连接产品、商家和用户的窗口，所以主播最好在开播前对产品和活动有足够的了解，并且具备一定的相关行业的知识。

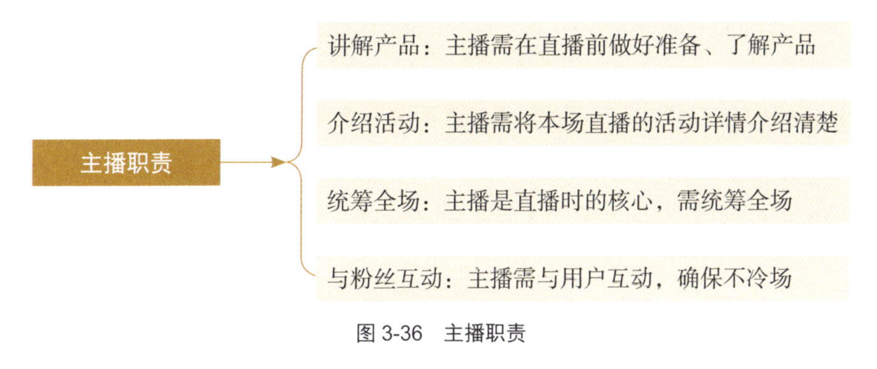

图 3-36　主播职责

商家在选择主播时，或者将自己打造为店铺主播时，还需要具有一些基本要求，具体如图 3-37 所示。

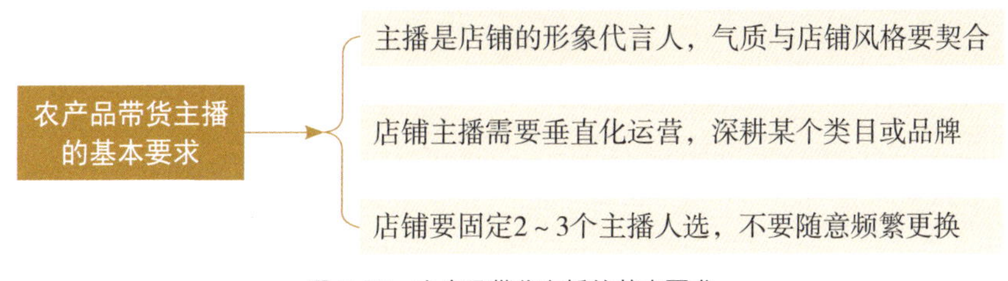

图 3-37　农产品带货主播的基本要求

2. 助播

顾名思义，助播是主播的助理，是帮助主播完成一些直播工作的助理，其主要工作是确定直播主题、在直播中帮助主播促进直播流程等，具体内容如图 3-38 所示。

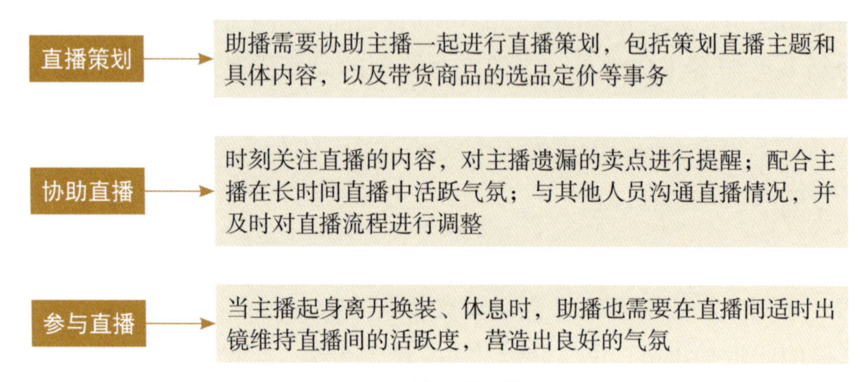

图 3-38　助播具体工作内容

助播可以与摄像机内外的主播进行交互和引导。例如，可以使用问答对话的形式，轻松增强气氛，使直播间不再安静，从而起到锦上添花的作用。但并不是所有的直播间都有助播，比如一些农产品商家就是自己进行直播的，不需要助播。

但一些比较正式的大型直播间，就配备了助播，甚至当直播间人数较多、主播的粉丝量较大、粉丝活跃度高的时候，就需要增加一些助播人数。当然，一个助播每天也可以协助多个主播，来延长自己的工作时间，从而获得更多的收入。

★专家提醒★

助播其实是比较培养自我的一个职业，往往能够在直播间身兼数职，很有发展潜力。例如，助播可以发展成为运营主管，培养更多定位精准的专业型小主播，成立自己的直播团队或机构。

3.4.2　成员 2：运营

直播运营人员有非常重要的作用，相当于导演在拍摄中的作用，担负的是统筹型的工作，可以说是直播间的负责人，直播运营人员职责如图 3-39 所示。

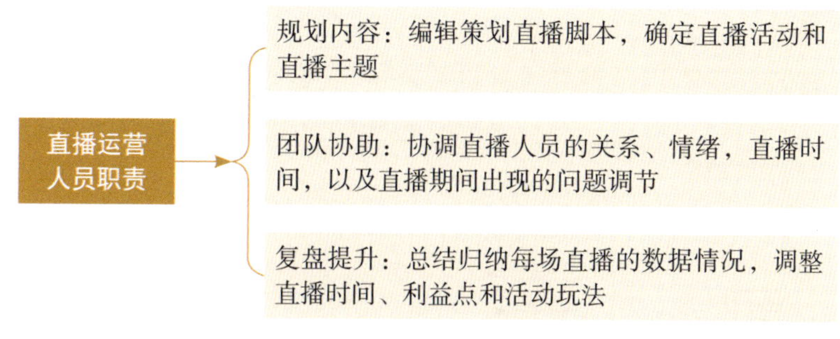

图 3-39　直播运营人员职责

直播运营人员担负很多方面的职责，下面详细介绍 3 个方面的内容，让大家对直播运营人员有更深入的了解。

（1）负责直播整体运营，包括直播玩法设计（活动策划、盈利点、营销点、秒杀等）、产品组合销售、直播产品调度、直播流程及脚本、协调主播问题、直播站点控制（关键词屏蔽、授权管理员安排等）等。

（2）团队协作，包括封面图拍摄、蓝图、产品采样、奖品发放、仓储部门调整等外部调整，以及直播者关系情感调整等内部调整，包括直播时间、直播期间出现的问题调整等。

（3）审核工作完成后，根据部门工作人员的配合结果和用户数据反馈情况进行审核，对上一财年制订的计划和目标进行详细的数据审核。

通常情况下，直播间运营都具有一定的成本及营销意识，能够通过一系列的运营策划把直播间做得更好。对大商家来说，可以多设置一些运营岗位，如内容策划运营、渠道宣传运营及选品对接运营等，这样做能够更好地提升直播运营数据。

3.4.3　成员 3：数据分析

数据分析人员通过收集和分析数据，并在发现问题时提出优化建议。优秀的数据分析人员通过数据不仅要观察直播间的流量多少，他们需要能够从一个节点链接整体，为整个直播计划提供全面的优化建议。数据工作就像一条生产线的最后一步，专注于收集、整理、分析、提出改进建议，兼顾整体的同时细化到每个点。

图 3-40 所示为某主播的直播数据截图，从中可以看出直播场次、平均开播时长等，数据分析人员可以根据这些数据对直播进行分析，以便以后更好

地进行直播。

图 3-40　某主播直播数据截图

图 3-41 所示为抖音平台上农产品的直播数据，通过这些数据可以了解到抖音平台上农产品的直播情况，并与自己的直播情况相对比，找出不足与优势，完善直播策划。

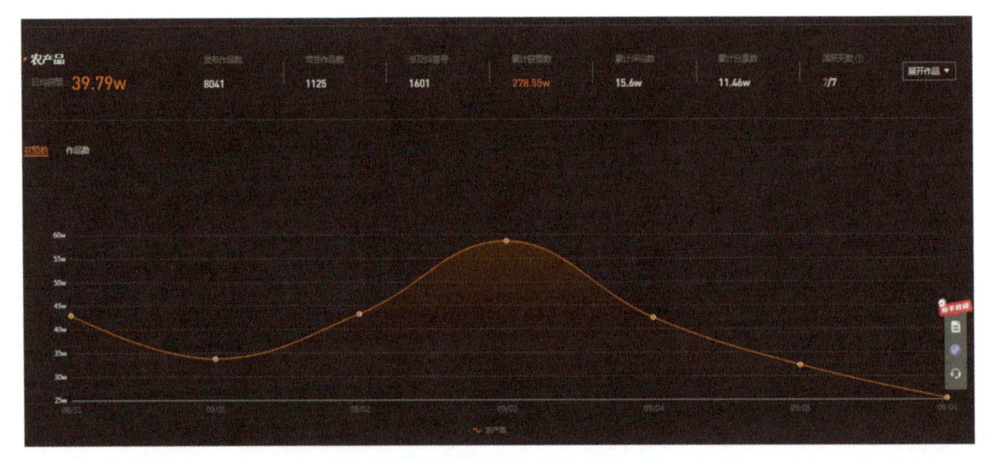

图 3-41　抖音平台上农产品直播数据

3.4.4　成员 4：场控

对主播来说，直播间的场控是一个炒热气氛的重要岗位，不仅可以帮助主播控制直播间的节奏，解决一些突发状况，而且还可以引导粉丝互动。直播间场控的具体要求如图 3-42 所示。

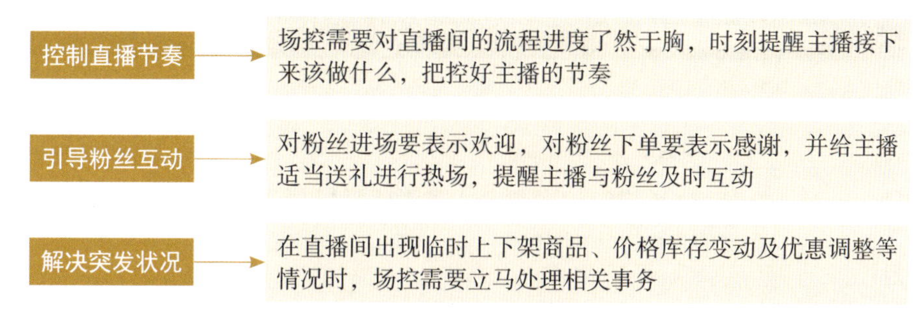

图 3-42　场控的具体要求

对一些小商家来说，如果运营人员的时间足够多，同时能力也比较强，也可以由运营来兼任直播间场控一职。

★ 专 家 提 醒 ★

注意，场控人员不仅要关注直播台前的指令，还要关注直播后台的数据，进行库存核对，以防产品超卖。

3.4.5　成员 5：客服

直播间客服的主要工作是引导用户观看直播和下单，同时解决用户在直播间提出的问题，促进直播间的成交，提高转化率。直播间客服人员的具体工作内容如下。

（1）负责回答在直播过程中用户有关农产品售前售后等问题。

（2）在直播过程中，由于观看的人数较多，通常会出现多个用户同时询问发货时间、产品相关的问题，这时就需要客服人员能够及时回答、反馈，从而给用户更好的购物体验。

（3）好的客服可以在一定程度上提高并带动整个直播的销售额。在用户购买产品后，出现了各种问题，包括出单、物流、复购等，客服人员如果能够高效处理的话，用户的复购率也会提升。

（4）跟踪前一天的物流售后问题，以及前一天的物流情况，并制作表格。

（5）定期或不定期地对用户进行回访。

（6）发展并维护与用户的良好关系。

如果商家是拼多多平台的，商家可以进入拼多多商家后台的“多多客服→客服工具→分流设置”页面，完善店铺的售前和售后客服分工，提升客服团队的接待效率和用户咨询体验，进而提升店铺的转化率，如图 3-43 所示。

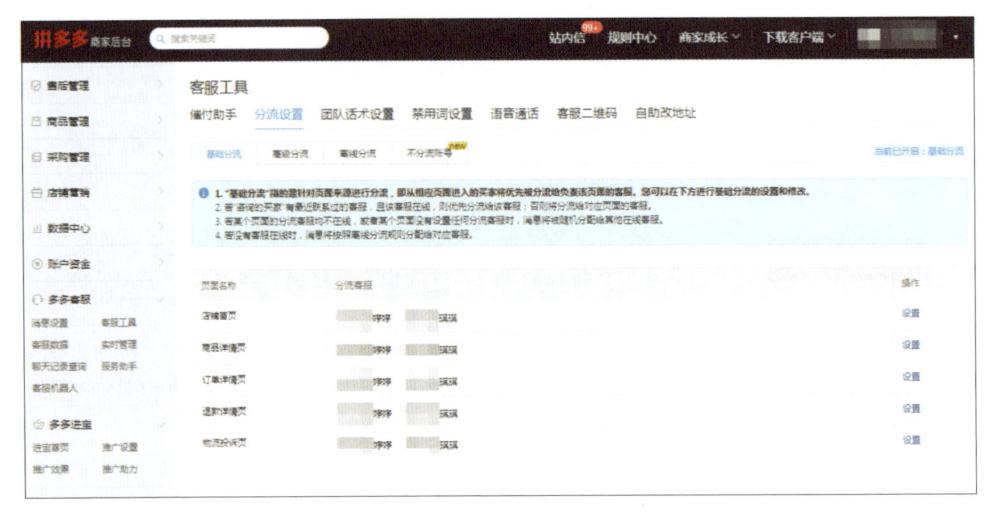

图 3-43　拼多多店铺客服分工设置

3.5　3 条打造路线，带动农产品走出去

近年来，随着互联网的快速发展，农村农民的生活也在悄然发生改变。借助互联网，农产品从平常的线下售卖开始转变为线上线下同时售卖，扩宽了销售的渠道，提升了农产品的销量。

在农村地头，人们经常可以看到农民手持一部手机，在各大线上平台进行直播，销售自家的农产品。因为在现在的农村，手机成了农民的“新农具”，而直播则成了农民的“新农活”。农村这样的巨大变化和发展，不仅有现代互联网的推动，也得益于更多的“新农人”回到农村，投身于农村的农业建设，促进农村经济的蓬勃发展。

3.5.1　路线 1：“新农人”主播

什么是“新农人”？“新农人”是指具有科学文化素质、掌握现代农业生产技能、具备一定经营管理能力，以农业生产、经营或服务作为主要职业，以农业收入作为主要生活来源，居住在农村或城市的农业从业人员。

“新农人”回到家乡，借助一部手机进行直播带货，给农民带来了销量，带来了实惠。他们通过“做网红主播进行农产品直播带货”的思路，打开了农产品销路，也提升了农产品的附加值。

图 3-44 所示为抖音平台上两个“新农人”的直播间。第一个是小香猪直

播间，主播通过直播自家小香猪的养殖日常，让用户看到了产品的养殖与生产过程，得到了产品质量的保证，提高了用户对主播的信任度。第二个“新农人”直播的是自家菜园子里的番茄，通过展示番茄干净健康的生长环境，让用户近距离感受农产品的质量，提升了产品的销量。

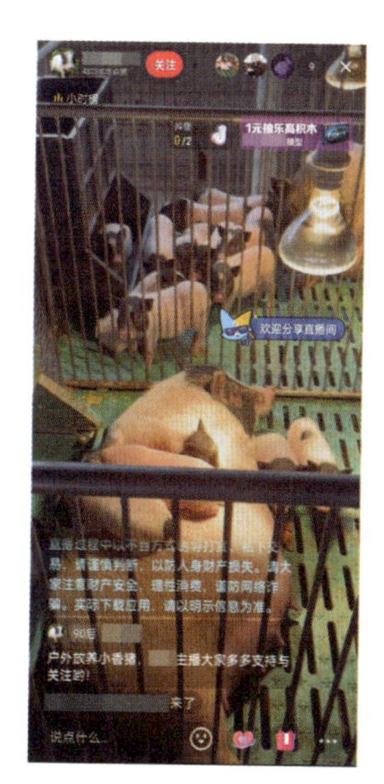

图 3-44　抖音“新农人”直播间

“新农人”是一群有知识、有技术、有情怀的新农民，他们返乡创业，为农村经济注入了一股新鲜活力，带来了勃勃生机。他们将新的理论带回农村，让农产品的加工更加标准化，走出了一条新的道路，也为农村带来了更多的就业机会。

在当下，国家大力支持“新农人”返乡创业，支持打造农村实用人才，以推动乡村振兴，在政策上给予各种扶持。例如，不少县、乡开展“新农人”示范培训班，这是农民需求与创新培训的结合，是提升技能与产业培训的结合，也是现代农业发展的需要。通过大力培养一批高素质的农村人才，把高素质农村人才作为农牧业高效发展的“主力军”，必将有效推动乡村振兴。

3.5.2　路线 2：去超级化主播

在当下，许多“新农人”和农产品品牌商都尝试用直播的新形式销售产品，农产品带货主播也成为众多主播的转型类型。那么，在竞争十分激烈的直播市场，农业主播和农业品牌商又面临着怎样的市场现状和难题，他们要如何带动农产品走出去，这是一个急需给出答案的问题。

农产品销售市场的渠道越来越多元化，随着电商拥抱农产品，农产品电子商务在其中异军突起，成了农村振兴的“领头羊”，也促进了农业供给侧的结构性改革。面对农村电商突飞猛进的发展势头，其中不少电商平台给予了优惠策略。例如，抖音推出了助农专项活动，对“新农人”给予大力的扶持。

图 3-45 所示的抖音平台上的两个“新农人”主播，他们的视频都带有“抖音助农”标签。他们都参与了抖音助农专项活动，获得了抖音流量扶持。

图 3-45 “新农人”主播发布的视频

农产品直播领域也会诞生头部主播，这些头部主播的直播带货能为农产品带来更多的关注和流量，大大提升农产品的销量。图 3-46 所示为抖音平台上某头部主播的相关信息。

但与此同时，他们也带来了更多的风险，一个头部主播的轰然倒塌，也会使得他带货的农业品牌的声誉受到更大的影响，给很多品牌在渠道构建上敲响了警钟。

农产品本身附加值就有限，如果再花费头部主播的高额渠道费用，品牌则很难获得盈利。此外，对品牌商来说，过度依赖外部主播不利于品牌“护城河”的搭建，增加了市场风险，因此农产品电商直播带货“去超级主播化”是大势所趋。

而对自播自卖的农民来说，随着电商平台上农业主播百花齐放、百家争鸣的现象，竞争压力越来越大，如何获得更多的关注和流量，如何把产品推销出去，让流量成功变现，则成了当下的难题。

图 3-46　抖音平台上某头部主播的相关信息

3.5.3　路线 3：供应链修炼

中国作为一个农业大国，农产品的品种十分丰富，产量也很大。对农业主播来说，中国的地大物博和农业的蓬勃发展，是农业主播获得流量、增强粉丝黏性，以及提升产品销量的天然利器。下面笔者就中国农业供应链这个话题谈一谈应该如何打造好农产品的供应链。

1. 种植

农产品的属性是供应链的起点和基因，它在很大程度上决定了农产品物流操作的难易程度及成本结构。因此，想要打造好农产品的供应链，首先要在种植方面进行思考。

农产品不是想种什么就种什么，它受很多因素的影响，包括气候、土壤、成本及市场等。在种植前，需要做好详细充分的选品调查、市场调查，这个产品受不受市场欢迎、能不能获得利润、利不利于运输及市场竞争大不大等问题，都需要做好充分调查，通过这些调查种植适销对路的产品。确定了适合市场、具有优势的种植品种，就走好了农产品销售的第一步。

2. 物流

通过电商平台带货卖货，农产品需要运往全球各地，这就对农产品运输提出了全新考验。除了一些偏远流向，大部分农产品现在基本上都已经实现了全国发运。如何打造好农产品后端供应链呢？答案是主播要找到最优的物流解决方案，确保产品“运得出、不变质、无损坏”。

首先，要确保产品的新鲜度。这就要求采摘农产品之后的预冷，以及运输过程中的全程温控必不可少。如果运输过来的农产品叶子枯萎、表皮脱水，就会降低用户对农产品的感官体验，从而影响用户对主播的信任度。

其次，要选择合适的物流方式。物流时间的长短也会影响用户的体验感，如果物流时间过长，用户的体验感就会降低。因此，商家选择的物流方式，要确保产品能在一个较短的时间或者用户可以接受的时间内抵达。

此外，商家在选择物流方式的时候也要考虑运输成本，偏远地区交通不便，运输成本就会提高，商家要选择合适的物流方式控制成本。

3. 分工合作

在社会分工日益细化的今天，需要借助专业和社会的力量，才能把整个环节给构建起来，确保整个供应链条的安全、高效、成本最优且有柔性。

在产地端，需要牢牢看好前端的资源能力。对于重点单品，根据市场的价格，要保留一定的安全库存，确保供应稳定。

在生产端，则需要把握关键环节，比如确保农产品的质量、确保农产品的入库和到货状态，以及做好农产品的包装设计等。

在物流和客服端，主播需要选择合适的运输方式，处理好产品售后等问题，针对产品质量、服务质量、快递及时性等问题做好处理，打造完整的供应链条。

第 4 章

Way：什么方法？

脚本设计

对于短视频，脚本可以用来确定故事的发展方向，还可以提高短视频拍摄的效率和质量；而对于直播，一个好的脚本则可以让主播轻松把握直播流程和节奏。本章主要介绍编写热门脚本的相关内容。

4.1 2种脚本类型，初步了解脚本的编写

在很多人眼中，短视频似乎比电影还好看。主要是因为很多短视频不仅画面和背景音乐（Background Music，BGM）劲爆、转折巧妙，而且剧情不拖泥带水，能够让人“流连忘返”。

而这些精彩的短视频都是靠脚本来承载的，脚本是整个短视频内容的大纲，对于剧情的发展与走向起着决定性作用。因此，运营者需要写好短视频的脚本，让短视频的内容更加优质，这样才有更多机会上热门。

而对主播来说，脚本也是必不可少的。一份详细、专业和可执行的直播脚本能够保证直播的顺利进行，帮助主播把控好直播节奏，规划好直播的流程，从而达到直播的预期效果。本节笔者就来为大家逐一介绍两种脚本类型。

4.1.1 类型1：短视频

短视频的时间虽然很短，但只要运营者和商家足够用心，精心设计短视频的脚本和每一个镜头画面，让短视频的内容更加优质，便可以获得更多上热门的机会。短视频脚本一般包括分镜头脚本、拍摄提纲和文学脚本3种类型，如图4-1所示。

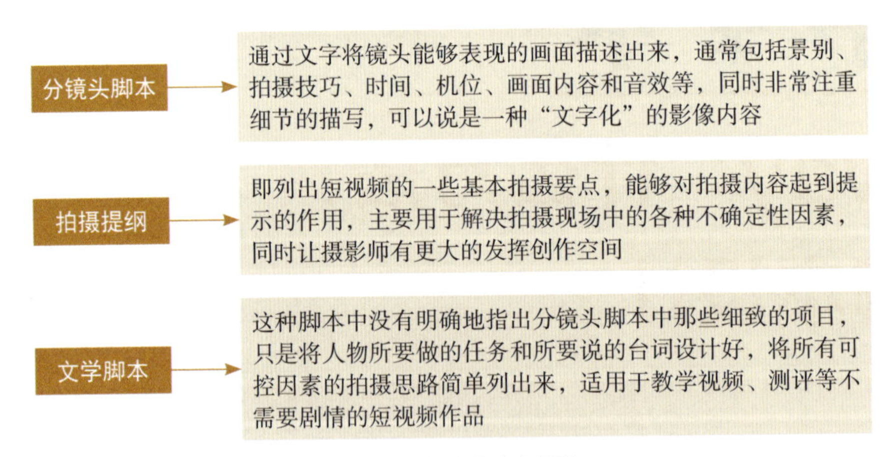

图4-1 短视频的脚本类型

总结一下，分镜头脚本适用于剧情类的短视频，拍摄提纲适用于访谈类或资讯类的短视频，文学脚本则适用于没有剧情的短视频。

短视频脚本主要用于指导所有参与短视频创作的工作人员的行为和动作，从而提高工作效率，并保证短视频的质量。图4-2所示为短视频脚本的作用。

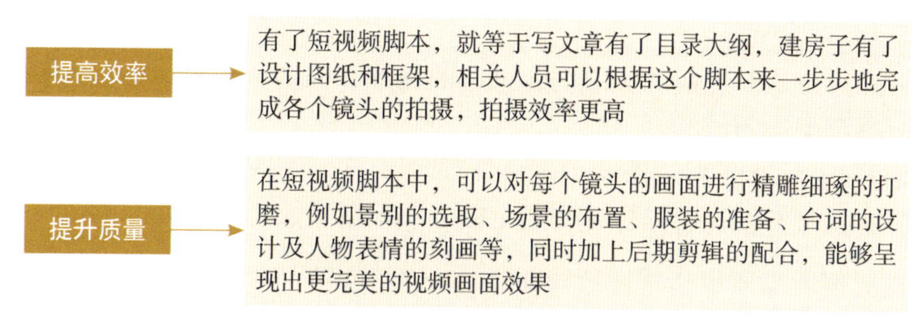

图 4-2　短视频脚本的作用

4.1.2　类型 2：直播

写好脚本是一场优质直播的保证。一场成功的农产品直播，除了要有好的选品、渠道和主播，脚本策划也是影响直播成功与否的重要一环。

直播脚本包括开场、产品介绍、互动、秒杀及优惠等多个环节，主播只有保证各个环节的流程滴水不漏，才能有效把控直播的节奏，让直播间更加吸引人。因此，即便是个人直播，也要在直播前撰写好脚本，以免在直播时出现尬聊或转化率不高的情况。

下面主要介绍直播脚本的 4 种基本类型，包括大纲脚本、活动脚本、单品脚本和整场脚本，主播可以根据自己的实际情况选择合适的直播脚本。

1. 大纲脚本

大纲脚本一般包含 9 个模块，即直播目标、直播类型、直播简介（直播的主要内容）、人员安排、直播时间、直播主题、流程细节、推广分享和直播总结，它们的具体内容分别如下。

（1）直播目标

首先得确定直播想要达到的目标是什么，这个目标要尽可能地具体和量化。主播可以根据自己上一场直播的数据来制定本场直播的目标。例如，上一场直播的观看人数没有超过 1 万，那么本场直播的目标就可以是观看人数超过 1 万或者 1.5 万。只有给自己制定一个合适的目标，才能让你的直播更有方向和动力。

（2）直播类型

其次就是要确定直播的类型，也就是直播的标签或频道，这一点可以根据自己的爱好或者特长来选择适合自己的分类。直播类型的确定实际上就是锁定目标用户群体，有利于形成自己的风格和特色。

（3）直播简介

直播简介是对直播的核心内容进行的提炼和概括，让人一眼就能明白和了解直播的大概内容。

（4）人员安排

对于较为大型的直播活动，个人要想完成整个直播流程是非常困难的，所以这时候就需要组建直播运营团队，安排人员来协助主播完成直播的各项工作，这样能集众人的力量把直播做得更好，同时也能减轻主播的负担。

（5）直播时间

确定直播的时间是直播大纲的一个重要组成部分，关于直播时间的确定需要迎合用户群体的生活习惯和需求。例如，如果选择在周一至周五直播，这段时间的白天绝大部分人都在工作或者读书，所以最好选择在晚上进行直播；如果选择在周六或周日直播，则下午或者晚上都可以，选择合理的直播时间能够增加直播的观看人数。

确定直播时间之后，一定要严格地执行，并且做到准时开播，尽量使直播的时间段固定下来，这样能在用户心中建立信誉良好的形象，养成用户按时观看直播的习惯，增强用户的黏性。

（6）直播主题

直播的主题本质上就是直播的目的（这个目的不是对主播而言的，而是针对用户的），明确直播的主题能够保证直播内容的方向不会跑偏。直播的主题可以从不同角度来确定，比如产品的效果展示、功能特色、优惠福利或者使用技巧等，需要注意的是主题要足够清晰。

（7）流程细节

直播的流程细节就是直播的脚本策划，是指开播后直播内容的所有步骤或环节，每个步骤或环节都应该有对应的时间节点，并且在直播过程中严格按照计划来进行。

（8）推广分享

直播开始前和直播进行时都要做好直播的宣传推广工作，包括各个平台渠道的引流和推广，尽可能地吸引更多的人前来观看直播，以提升直播间的人气和热度。

（9）直播总结

直播结束之后，我们要对直播的整个过程进行回顾，总结经验和教训，发现其中存在的问题和不足，而一些好的方法和措施要保留和继承，以此来不断地完善和改进自己的直播。

2. 活动脚本

活动脚本通常适用于电商平台的直播卖货，主播和商家通过在直播间举办优惠、抽奖等活动来增强用户黏性，提高产品销量和店铺营业额。直播的活动类型主要有两种，一种是日常活动，另一种是专享活动。

日常活动也就是平时举办的活动，这种活动举办的次数比较多，可以每天都有，但活动力度比较小，因为要考虑预算成本。专享活动的特点是较长时间才举行一次，或者不定期举行，活动力度较大，因而对用户的吸引力也最大。

3. 单品脚本

单品脚本实际上就是介绍一个产品，它主要是围绕产品来写的，其核心是产品卖点。在撰写单品脚本时，笔者建议大家用表格的形式制作，如表 4-1 所示。这样能够使脚本一目了然、清晰直观，更方便工作的对接。

表 4-1　单品脚本示范

<table>
<tr><th>目　标</th><th>宣传点</th></tr>
<tr><td>品牌介绍</td><td>品牌理念</td></tr>
<tr><td>利益点强调</td><td>产品优惠</td></tr>
<tr><td rowspan="2">引导转化</td><td>生活需要仪式感</td></tr>
<tr><td>走过路过不要错过</td></tr>
<tr><td rowspan="3">直播需要注意的地方</td><td>关注店铺</td></tr>
<tr><td>分享直播间</td></tr>
<tr><td>下单</td></tr>
</table>

从表 4-1 中我们可以看出，单品脚本的内容必须包含品牌介绍、利益点强调和引导转化等。以农产品为例，在介绍产品时可以围绕成分、规格、功效和保质期等方面来展开，而且解说时要及时回答用户的问题，与用户进行实时互动。

单品脚本一定要做得专业，把产品的卖点提炼出来。现在直播卖货的产品主要有两个变化，一个是产品从线上终端转向原产地，减少了许多中间环节，大大提高了性价比，也提高了用户下单的可能性。

另一个是可以展示一些免加工的东西给用户看，只需主播亲自进行演示即可。不过，主播在介绍产品时一定要有信任背书，这样才能让用户对产品质量放心，才能让用户信任主播，有利于主播引导转化。

4. 整场脚本

整场脚本就是对整场直播编写的脚本，它是相对于单品脚本而言的。整场脚本里面包含了多个单品脚本，而且直播时间也比单品脚本要长得多。一场完整的直播，时间大概持续 4 个小时左右，而且中间是不能休息的。

编写整场脚本是为了规范正常的直播节奏流程和内容。一般而言，整场脚本都会包含时间、地点、商品数量和主题等几个要素。整场脚本就是对直播的方向和思路进行规划、安排，其重点在于逻辑和内容的撰写，以及对直播节奏的把控。整场脚本需要明确以下 5 个要点，如图 4-3 所示。

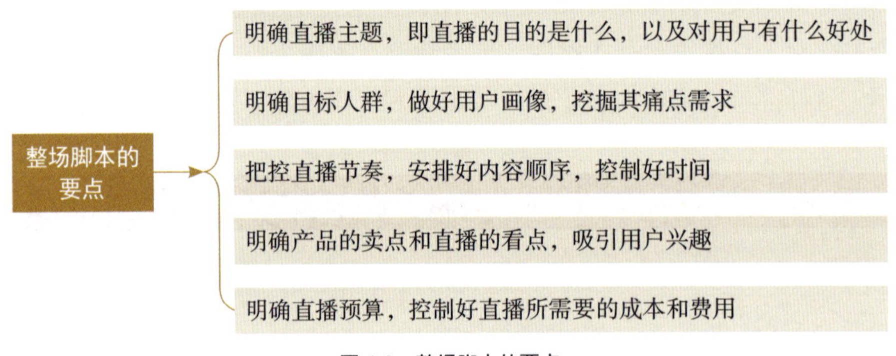

图 4-3　整场脚本的要点

4.2　5 个优化技巧，打造优质短视频脚本

脚本是短视频立足的根基。运营者不用写太多复杂多变的镜头景别，而应该多安排一些反转、反差或者充满悬疑的情节，来勾起用户的兴趣。

同时，短视频的节奏很快，信息点很密集，因此每个镜头的内容都要在脚本中交代清楚。本节主要介绍短视频脚本的一些优化技巧，帮助大家做出更优质的脚本。

4.2.1　技巧 1：用户角度

要想拍出真正优质的短视频作品，运营者需要站在用户的角度去思考脚本内容的策划。比如，用户喜欢看什么东西、当前哪些内容比较受用户的欢迎，以及如何拍摄才能让用户看着更有感觉等。

显而易见，在短视频领域，内容比技术更加重要，即便是简陋的拍摄场景和服装道具都没有关系，只要你的内容足够吸引用户，那么你的短视频就能火。

技术是可以慢慢练习的，但内容却需要运营者有一定的创作灵感，就像音乐创作，好的歌手不一定是好的音乐人，好的作品却会经久流传。例如，抖音上充斥着各种“五毛特效”，但内容经过了运营者的精心设计，仍然获得了用户的喜爱，可以认为他们比较懂用户的“心”。

例如，下面这个短视频账号中的人物主要以模仿各类影视剧和游戏角色为主，表面上看去比较粗糙，但其实每个道具都恰到好处地体现了他们所模仿人物的特点，而且特效也用得恰到好处，同时内容上也并不是单纯的模仿，而是加入了原创内容，甚至还出现了不少经典台词，获得了大量用户的关注和点赞，如图 4-4 所示。

图 4-4　某短视频案例

4.2.2　技巧 2：审美和画面

短视频的拍摄和摄影类似，都非常注重审美，审美决定了作品的高度。如今，随着各种智能手机的摄影功能越来越强大，进一步降低了短视频的拍摄门槛。

另外，各种剪辑软件也越来越智能化，不管拍摄的画面有多粗制滥造，经过后期的剪辑处理，都能变得很好看。例如，剪映 App 中的“一键成片”功能，就内置了很多模板和效果，运营者只需导入拍好的视频或照片素材，即可轻松做出同款短视频效果。图 4-5 所示为剪映 App 的“一键成片”功能。

图 4-5　剪映 App 的“一键成片”功能

也就是说，短视频的技术门槛已经越来越低了，普通人也可以轻松创作和发布短视频作品。但是，每个人的审美观是不一样的，短视频的艺术审美和强烈的画面感都是加分项，能够提高运营者的竞争力。

运营者不仅需要保证视频画面的稳定和清晰度，而且还需要突出主体。运营者可以通过组合各种景别、构图、运镜方式，以及结合快镜头和慢镜头的方式，来增强视频画面的运动感、层次感和表现力。总之，运营者既要养成好的审美观，还要多思考、多琢磨、多模仿、多学习、多总结、多尝试、多实践。

4.2.3　技巧 3：冲突和转折

在策划短视频的脚本时，运营者可以设计一些反差感强烈的转折场景，通过这种高低落差的安排，能够形成十分明显的对比效果，为短视频带来新意，同时也为用户带来更多笑点。

短视频中的冲突和转折能够让用户产生惊喜感，同时对剧情的印象更加深刻，刺激他们去点赞和转发。下面笔者总结了一些在短视频中设置冲突和转折的相关技巧，如图 4-6 所示。

图 4-6　在短视频中设置冲突和转折的相关技巧

短视频的灵感来源，除了靠自身的创意想法，运营者也可以多收集一些热梗，这些热梗通常自带流量和话题属性，能够吸引大量用户点赞。运营者可以将短视频的点赞量、评论量、转发量作为筛选依据，找到并收藏抖音、快手等短视频平台上的热门视频，然后进行模仿、跟拍和创新，打造属于自己的优质短视频作品。

4.2.4　技巧 4：模仿

如果运营者在策划短视频的脚本内容时很难找到创意，可以去翻拍和改编一些经典的影视作品。运营者在寻找翻拍素材时，可以去豆瓣平台上找到各类影片排行榜。图 4-7 所示为豆瓣 2022 评分最高华语电影。

运营者可以将排名靠前的影片都列出来，然后去其中搜寻经典的片段，包括某个画面、道具、台词、人物造型等内容，都可以将其用到自己的短视频中。

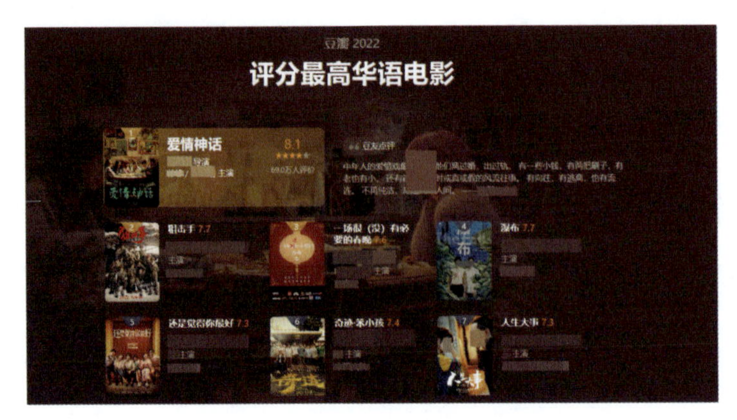

图 4-7　豆瓣 2022 评分最高华语电影

4.2.5　技巧 5：内容形式

对短视频新手来说，账号定位和后期剪辑都不是难点，最让他们头疼的往往是脚本策划。有时候，一个优质的脚本即可快速将一条短视频推上热门。那么，什么样的脚本才能让短视频上热门，并获得更多人的点赞呢？笔者总结了一些优质短视频脚本的常用内容形式，如图 4-8 所示。

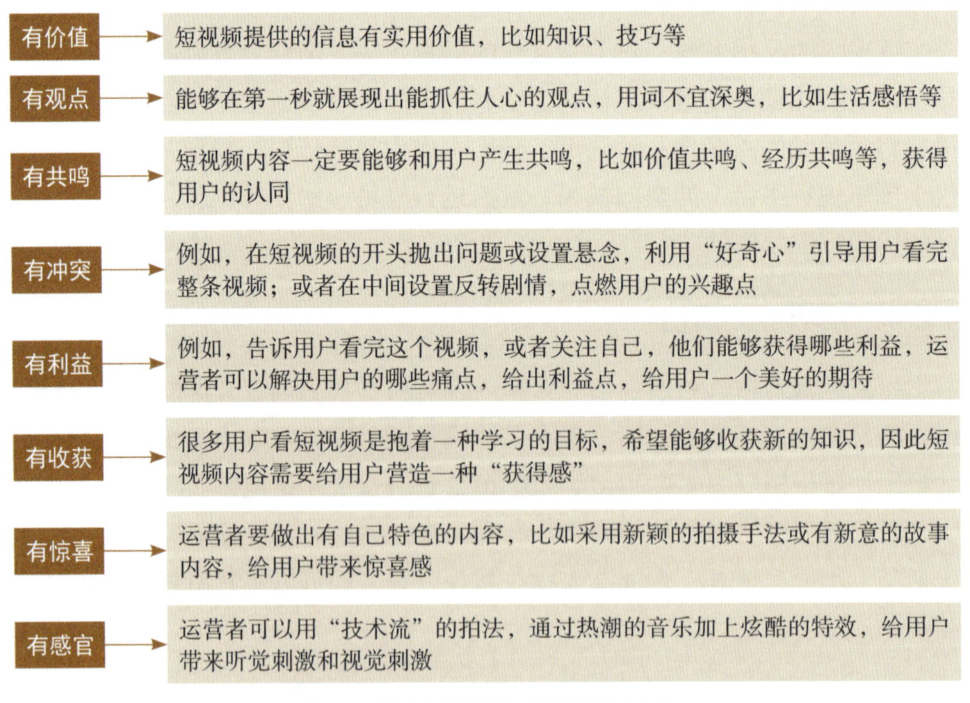

图 4-8　优质短视频脚本的常用内容形式

4.3　10 条注意事项，打造高质量直播脚本

很多新主播通常一拿到产品，就马上放到直播间去卖，这样主播很难给用户留下专业的形象，产品的质量也难以保证，从而导致产品的销量惨淡。

因此，主播必须在直播开始前规划好直播脚本，让直播间的运行非常顺畅，同时也让主播看起来更专业，让店铺增加产品销量。但是，许多人在准备编写带货脚本时，通常不知道如何开始或掌握要点。针对这些问题，本节将提供一些编写直播脚本方案的注意事项，帮助运营者和商家打造高质量的农产品卖货直播间。

4.3.1　事项 1：话题

相较于传统的电视直播卖货，互联网直播能让用户与主播进行互动，更有参与感。因此，主播在直播的时候就不能仅仅是介绍产品，还需要能够引出吸引用户的话题。这就要求主播不仅嘴皮子功夫了得，还要多动脑，提前准备好一些能够吸引用户注意力的话题。下面介绍一些直播间常用的话题类型，如图 4-9 所示。

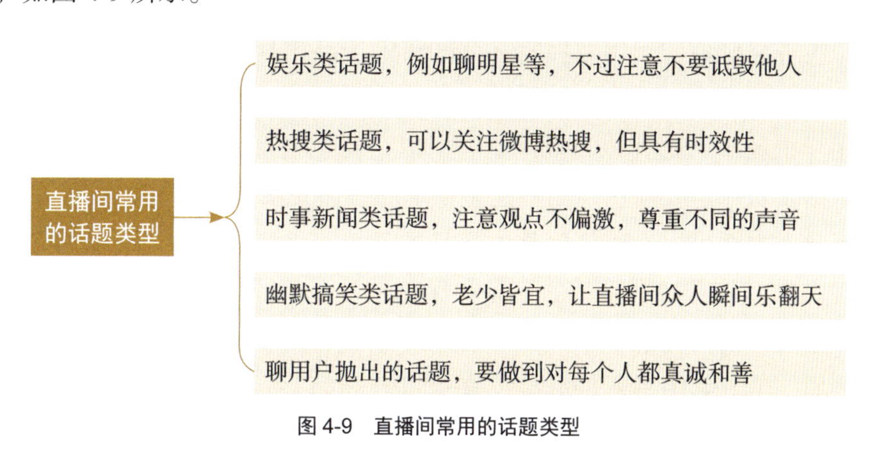

图 4-9　直播间常用的话题类型

4.3.2　事项 2：痛点

虽然农产品电商直播的主要目的是卖货，但这种单一的内容形式难免会让用户觉得无聊。因此，主播可以在直播脚本中根据用户痛点，给用户带来一些有趣、有价值的内容，提升用户的兴趣和黏性。

直播时，不能只是一味地吹嘘产品的特色卖点，而是要解决用户的后顾

之忧，也就是用户的痛点，这样用户才能在直播间停留下来并购买产品。在很多情况下，并不是运营者提炼的卖点不够好，而是运营者认为的卖点并不是用户选择的理由，并不能满足用户的需求，对用户没有吸引力，他们也就不会消费了。当然，前提是运营者要做好直播间的定位，明确用户是追求特价，还是追求品质，或者是追求实用功能，以此来指导直播脚本的优化设计。

例如，用户在考虑购买农产品的时候，最主要考虑的是农产品的质量问题，因此在农产品直播间的评论区，用户就会提出关于产品质量的各种问题。

4.3.3 事项 3：信任

屏幕前主播的表达以及对农产品的展示会引导用户下单，所以在某种程度上，直播卖货就是一场信任营销。在农产品电商直播中，用户的交易行为很多时候是基于信任主播而产生的，用户信任并认可主播，才有可能去关注和购买产品。

例如，一些产品在直播间快速被“秒光”，最重要的还是因为用户对主播的信任。但是信任的建立不是一蹴而就的，一两天的工作是无法让用户完全信任的，这需要一个长期的培养过程。

一些研究发现，当用户在直播间购买的产品出现质量问题的时候，他们对该直播间的信任度就会降低。如果在直播间购买的产品多次出现质量问题，那么用户也就不会选择该直播间了。所以，要想获得用户的持久信任，农产品的直播卖货一定要注重与用户建立稳定的信任关系。

因此，主播可以在直播间将农产品的种植、采摘、产地及品牌形象等内容展现出来，并且展现品牌的正品和保障，为产品带来更好的口碑影响力，赢得广大用户的信任。

例如，在图 4-10 所示的娃娃菜直播间中，可以看到主播通过在现场采摘，来展现产品的新鲜及品质好等特点，让用户看到产品的质量。同时，主播还在直播间写了一行字，告诉用户：“田间地头价，一块多一斤，现拔现发精品黄心娃娃菜，喜欢吃的家人们可以支持一下！”让用户对产品更加放心，增加他们下单的信心。

图 4-10　娃娃菜直播间

4.3.4　事项 4：卖点和痛点

在直播之前，运营者必须知道用户的需求点，即用户痛点。当主播在制作直播的脚本时，可以结合市场及以往的直播数据进行分析，深入分析产品的功能并提炼出卖点，然后亲自去使用和体验产品，并且将产品卖点与用户痛点相结合，通过直播来展现产品的真实应用场景。寻找产品卖点的 4 个常用渠道如图 4-11 所示。

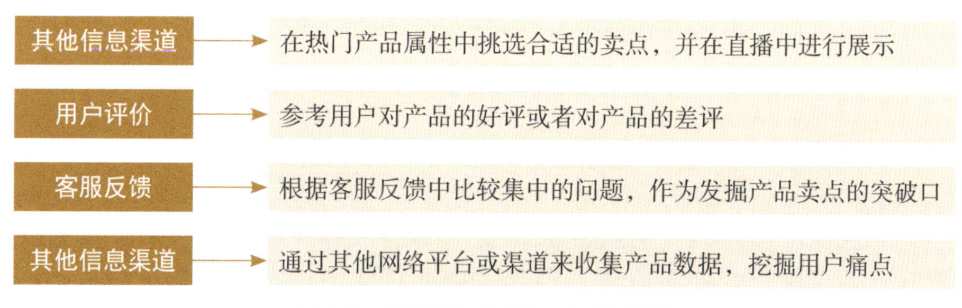

图 4-11　寻找产品卖点的 4 个常用渠道

总之，主播只有深入了解自己所卖的产品，知道农产品具备什么样的功效，哪些功效是对用户有利的，并且对产品的生产流程、材质类型和功能用途等信息了如指掌，才能提炼出产品真正的卖点。

在做直播脚本时，主播可以根据用户痛点的关注程度，来排列产品卖点的优先级，全方位地介绍产品信息，吸引用户加购或下单。

例如，农产品的用户痛点在于产品的新鲜程度、质量的好坏、产品的大小等。此外，还有在网上购买商品时，用户最关心的售后保障、发货情况等问题。因此，主播可以根据“新鲜程度 + 质量问题 + 产品的大小 + 售后保障 + 发货情况”等组合来制作直播脚本的内容，然后在直播间将这些内容展示出来，如图 4-12 所示。

图 4-12 直播内容要紧扣用户痛点

主播要想让自己的直播间吸引用户的目光，就要知道用户想要的是什么，抓住用户的消费心理来提炼卖点。当然，抓住痛点不仅仅是一个人的痛点，而是要找大多数人的痛点，这样才能让直播间更吸引用户并促使他们下单。

4.3.5 事项 5：体验和感受

用户在观看直播的时候，如果主播单纯地对农产品进行讲解的话，有时候并不能激起用户的购买欲望，但当主播在直播中切实体验并说出自己的使用体验和感受的时候，更能激发用户的购买欲望。

主播对农产品不仅要有亲身体验，并且告诉用户自己的使用感受，同时还可以列出真实用户的买家秀图片、评论截图或短视频等内容，这些都可以写进直播脚本中，有助于杜绝虚假宣传的情况。

图 4-13 所示为抖音上某个销售毛薯的直播间，主播通过品尝他们售卖的

毛薯，说出该毛薯“粉糯香甜”的体验，吸引用户去品尝、购买。

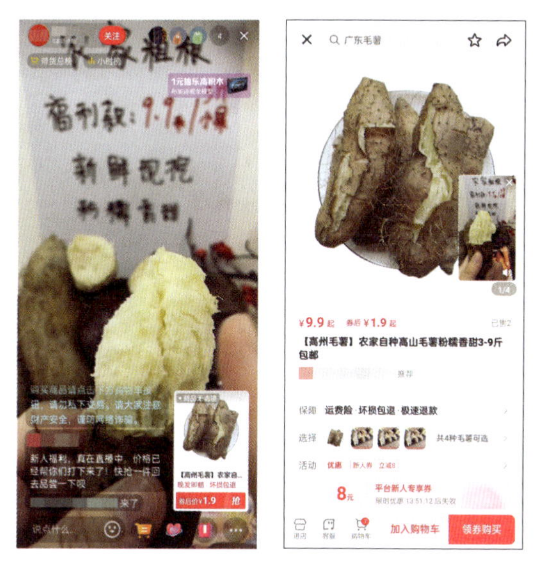

图 4-13　抖音毛薯直播间

4.3.6　事项 6：基本流程

作为主播，首先要对自己推销的农产品有全面的了解。销售农产品，主播可以自己提前试吃一下，确定是好吃的、质量上佳的，再向用户推荐。除此之外，主播还需要熟悉直播间的规则、直播产品及店铺活动等知识，这样才能更好地将产品的功能、细节和卖点展示出来，以及解答用户提出的各种问题，从而引导用户在直播间下单。

图 4-14 所示为直播间推荐产品的基本流程，能够让主播尽量将有效信息传递给用户。

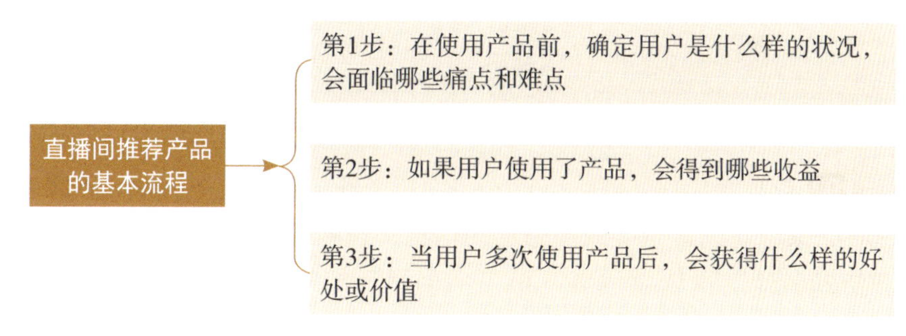

图 4-14　直播间推荐产品的基本流程

值得注意的是，当主播推荐产品的时候，说话最好要有感染力，要保持充满激情的状态，制造出一种产品热卖的氛围，利用互动和福利引导用户进行下单。

除此之外，在推销产品的时候一定要自然，不能经常性地在直播中插入硬广告，这样会引起一部分用户反感，从而流失顾客。但是，主播可以在聊天话题中引入自己想要宣传的产品，增强用户的好感度。

4.3.7　事项7：组合销售

有时候店铺中会出现有的农产品的销量高，有的农产品的销量则过低，甚至没有销售量的情况。这时，主播可以在直播脚本中充分挖掘潜在用户的其他需求，同时可以利用平台中组合销售的方式，在直播时采用大额满减、拼单返现、多件优惠或产品组合等方式，将销量高的农产品与销量低的农产品组合销售，从而带动店铺内的其他产品销量。

下面以拼多多的多件优惠活动为例介绍具体的操作步骤。

步骤01 商家可以进入拼多多商家后台，在左侧导航栏中选择“店铺营销→营销工具”选项，进入相应的页面后，在右侧的窗口中选择“多件优惠”选项，即可进入其页面，单击“创建”按钮，如图4-15所示。

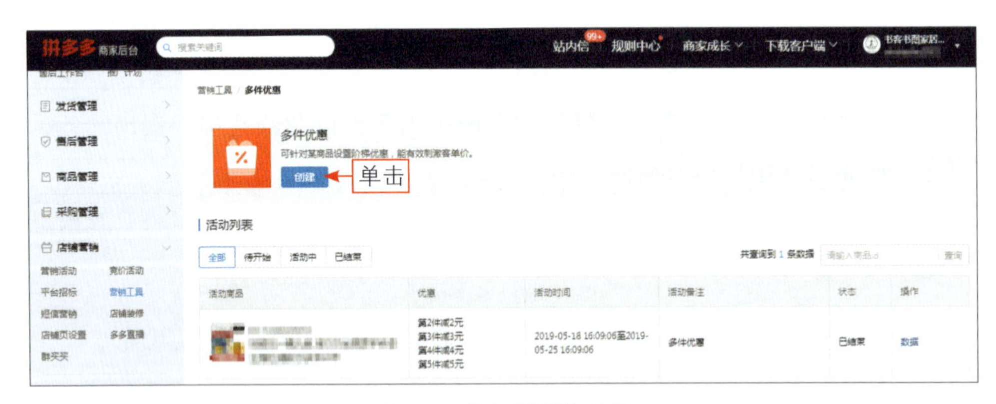

图4-15　单击“创建”按钮

步骤02 执行操作后，就可以进入“创建多件优惠”操作页面，如图4-16所示，这时商家需要设置相应的优惠活动信息，包括活动时间、活动商品、优惠设置和活动备注。设置完成后，单击“创建活动”按钮，即可创建多件优惠活动。

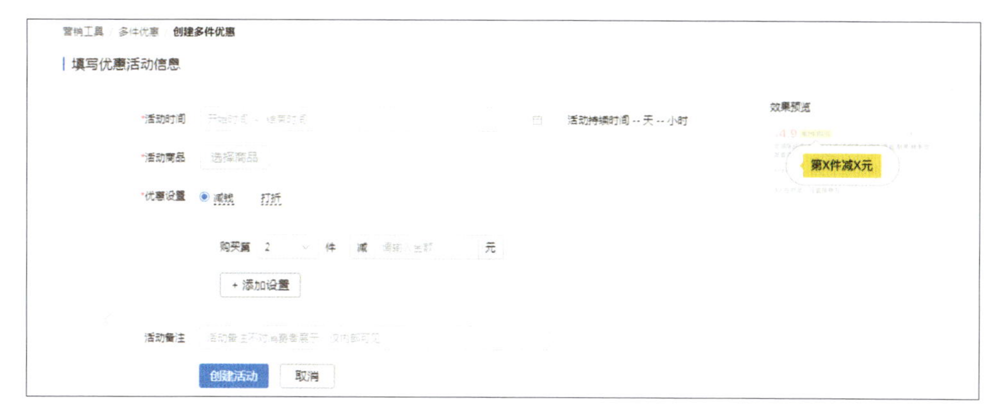

图 4-16　“创建多件优惠”操作页面

需要注意的是，多件优惠活动针对的是一个订单，而不是多个订单。也就是说，用户如果分别多次对同一个商品下单，是无法享受多件优惠活动的。多件优惠活动的优惠类型可以分为两种不同的形式，分别为减钱和打折。

（1）减钱：在商品页中展示“第 2 件减 × 元”标签。

（2）打折：在商品页中展示“第 2 件打 × 折”标签。

另外，根据爆款产品的推广节奏，可以在多件优惠的基础上设置不同的阶段优惠力度。阶梯设置最多只能设置 4 个阶段，即多件优惠最多只支持 5 件商品。如果用户购买了 6 件商品，那么第 6 件商品是没有优惠的，必须全款购买。

4.3.8　事项 8：时间和时长

农产品直播间要想设定适合的直播时间及直播的时长，运营者可以根据其消费目标人群去制定合适的时间。一般来说，从早上的 7 点开始到晚上的 12 点结束，这段时间都可以进行直播。

不过，在这段时间中，存在 3 个曝光点，也就是观看直播人数最多的时间点，分别是上午的 10 点、下午的 2 点及晚上的 10 点，如图 4-17 所示。

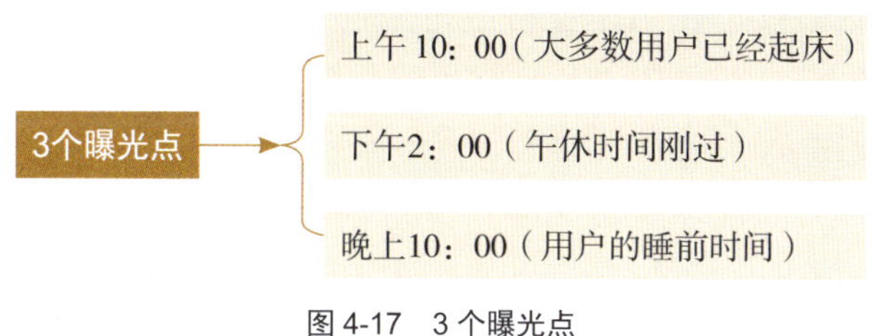

图 4-17　3 个曝光点

大多数农产品的消费群体是上班人群，所以一天直播的黄金时间应该是晚上的 8：00 到 12：00，这段时间是他们下班后到睡觉前的时间，有比较充足的时间用来娱乐或者看直播。

如果你是新手主播或者单个产品的主播，那么最好的轮流直播时间为“夜场—晨场—中午场—晚场”。如果货源充足，并且门店的销售量较大、运营业绩优秀的话，可以选择“中午场—下午场—晚场”的黄金时间轮播，例如中午 11：00 到 13：00，下午 3：00 到 5：00，晚上 8：00 到 11：00。

开始直播的时候将时间定为 4 ～ 6 小时最合适。播出前，可以先测试一下自己的产品在哪个时间段播出有较大的流量，然后不断磨合，形成自己的直播标签。

4.3.9 事项 9：情景剧

现在直播间大多是主播为用户讲解农产品，或者直接向用户展示产品，模式单一，不能很好地吸引到用户，因此可以将农产品放入情景剧当中，让用户在看剧的同时了解产品的具体情况，既吸引了用户的注意力，又传递了农产品的信息。图 4-18 所示为将农产品置入情景剧的好处。

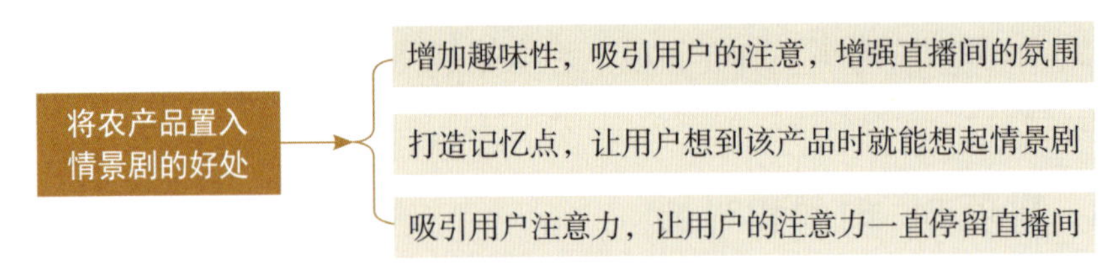

图 4-18　将农产品置入情景剧的好处

4.3.10 事项 10：知识

随着物质生活水平的不断提高，温饱问题解决了，人们就开始关注吃得是否健康、是否营养。农产品大多是食材，是可以进入厨房进行烹饪的，而且有很多农产品不仅可以用作食材进行烹饪，解决温饱，还有一定的药用价值，因此人们在挑选农产品的时候会关注它的药用价值、养生知识等。

1. 药用价值

现在亚健康人群越来越多，大家也越来越关注食材的药用价值。因此，在直播间内主播还可以给用户介绍产品的药用价值，刺激用户下单。

图 4-19 所示为抖音销售当归片的直播间。当归片可以泡水吃，也可以煲汤吃，具有一定的药用价值。主播在推荐当归片的时候，可以根据直播间的用户类型强调其药用价值。

图 4-19　抖音销售当归片的直播间

图 4-20 所示为抖音销售大蒜的直播间。大蒜既可以在烹饪美食时作为调味品用于调味，还具有杀虫的功效，同时还有一定的药用价值。因此，在直播间内，主播可以提前了解相关内容，然后在直播间内将大蒜的药用价值及一些养生知识讲述给用户，一方面为用户普及一些小知识，另一方面也体现了主播的专业素养。

图 4-20　抖音销售大蒜的直播间

2. 养生知识

很多农产品都具有养生的功能，从中医学传统理论来看，不同的季节养生的方式不同，因此主播在推荐某个产品的时候还可以适当地延伸一下，介绍一下农产品的养生搭配或者当季的一些养生小知识。

图 4-21 所示为抖音销售西洋参的直播间。主播在推荐西洋参的时候，可以向用户讲解一下关于西洋参的养生知识，还可以向用户介绍一下西洋参的食用禁忌，比如有哪些人群不能吃，或者不能与什么一起混着吃等。

图 4-21　抖音销售西洋参的直播间

中国是农业大国，有几千年的农业历史，其中蕴含着丰富的农业知识。因此，在直播的时候，主播除了介绍养生知识，还可以适当地介绍一些与农产品有关的其他知识，让用户在消费的同时也收获一些有用的知识。同时，主播在直播间内讲述农业知识，也会让用户觉得这个主播值得信赖。

第 5 章

Word：怎样的文字？文案策划

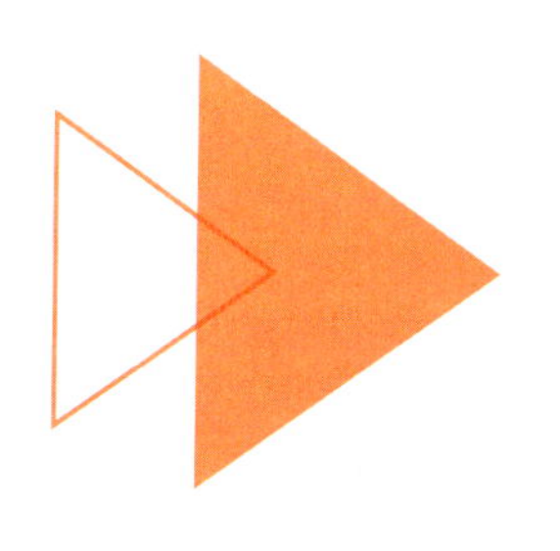

许多用户在看一个短视频或者一场直播时，首先注意到的可能就是它的标题。因此，一个标题好不好，将对短视频和直播的相关数据造成很大的影响。那么，如何写出优质的标题文案呢？笔者认为标题文案的撰写应该是简单且精准的，只需用一句话将重点内容表达出来就够了。

5.1 5个策划技巧，打造吸睛文案

许多运营者都会利用自己的短视频或者直播进行带货或卖货，而这样的短视频可以称之为电商产品视频，直播则被称为电商直播。本节将介绍产品文案内容策划技巧，帮助运营者快速打造吸睛的文案。

5.1.1 技巧1：时间和特点

运营者要在文案中将准确的时间告诉用户，让他们做到心中有数，不会错过各种优惠。例如，运营者可以在产品视频或者直播中直接告诉用户，本产品在举行优惠活动、这个活动到哪天截止，以及在活动期间，用户能够得到的利益是什么。此外，运营者还需要提醒用户，在活动期结束后，再想购买，就要花更多的钱。

参考口播文案："直播间展示的苹果和芒果我们都做优惠降价活动，今天（××月××日）就是最后一天了，您还不考虑下单吗？过了今天，就会恢复原价，和现在的价位相比，足足有几十元的差距呢！如果您想购买的话，就得尽快下单哦，机不可失，时不再来。"

当运营者通过视频或者直播向用户推荐产品时，可以通过准确描述时间的方式给他们造成紧迫感，也可以通过视频界面或者直播间界面的公告牌和悬浮图片素材中的文案来提醒用户。

此外，运营者还需要准确描述产品的特点和效果，并且能够与用户的需求实现精准对接，让产品特色和用户痛点完美结合，这样才能吸引更多的用户。要写出有特色的产品文案，需要运营者亲自体验产品，用自己的真实感受来打动用户。

5.1.2 技巧2：产品拥有感

运营者在写电商产品文案时，可以适当抬高产品的价值，将用户拥有该产品后的感受描述出来，让他们产生短暂的"拥有感"，这样更能刺激用户的购买欲望。

5.1.3 技巧3：形容词

在产品文案中使用准确的感官形容词，包括味觉感官、嗅觉感官、视觉

感官、听觉感官及动态感官等，可以加强用户对产品的感受，使文案的可信度更高。例如，在水果产品视频中，运营者通过精致饱满、果汁丰盈、甜美可口、果冻口感、细嫩化渣等词汇来进行描述，便可以构建出生动的画面感，吸引用户。

5.1.4　技巧 4：独特性

运营者可以认真研究产品的卖点，写出能够展现产品独特性的文案，避免出现同质化的文案内容，具体方法如下。

- 参考竞品文案，从中找到不同的切入点。
- 参考跨类别的产品文案，将其中的精华内容与自己的产品进行结合。

只要运营者能够写出百分之百的独特性文案，就能够达到快速占领用户心理的效果。图 5-1 所示为体现产品独特性的视频文案示例，刺梨是贵州的特色产品，具有多种营养价值。在贵州，只要一提到“维 C 之王”，人们第一个想到的就是刺梨。

图 5-1　体现产品独特性的视频文案示例

5.1.5　技巧 5：针对性

在视频或者直播中准确地体现产品的针对性是针对用户的某个需求或痛点来说的，可以多用“你”这个字，能够让展现的效果更加生动。

在通过电视广告打造品牌的时代，商家和运营者都在强调卖点的重要性，即产品的优势及特征，举几个简单的例子，如图 5-2 所示。

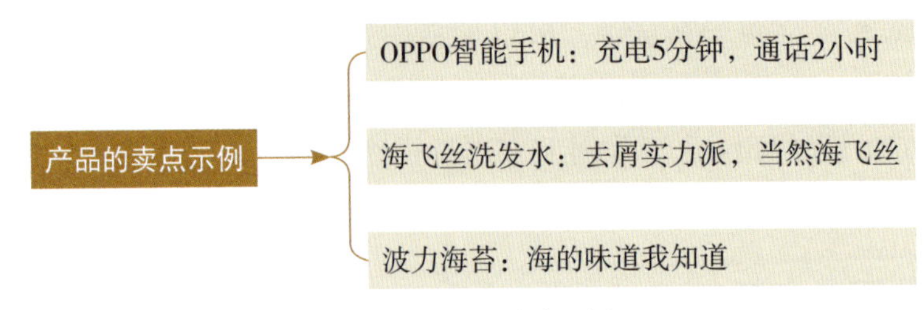

图 5-2　产品的卖点示例

与卖点不同，痛点强调的是用户的诉求和体验，主要是从用户自身出发的。比如，小米击中了大多数用户觉得智能手机价格太高的痛点，支付宝、微信支付解决了很多人觉得带现金出门麻烦的痛点。而打造爆款产品文案的重点就在于能够准确击中用户的痛点。

以反季节蔬菜为例，为了击中用户的痛点，首先就应该找到并总结归纳所有应季蔬菜的痛点，具体内容如图 5-3 所示。然后根据这些痛点，对反季节蔬菜进行设计和加工，有针对性地击中用户的某个痛点，使其成为爆款产品。

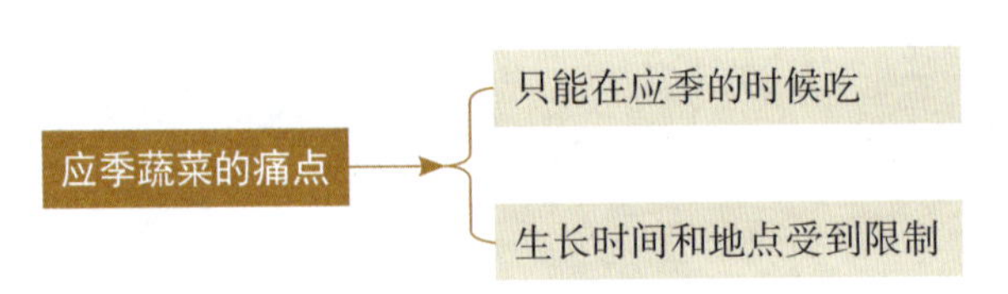

图 5-3　应季蔬菜的痛点

总之，痛点就是通过对人性的挖掘全面解析产品和市场；痛点就潜藏在用户的身上，需要你去探索和发现；痛点就是正中用户下怀，使他们对产品和服务产生渴望和需求。

5.2　5 个文案思路，创作优质内容

文案是宣传中较为重要的一个环节，从其作用来看，优秀的文案具备强烈的感染力，能够带来巨大的流量。在信息繁杂的网络时代，并不是所有的文案都能够获得成功的，尤其是缺乏技巧的文案，获得成功并不是轻而易举的事情。

从文案写作的角度出发，文案内容的感染力来源主要分为 5 个方面，这一节笔者将对文案写作的相关问题进行解读。

5.2.1　思路 1：规范宣传

随着互联网技术的快速发展，每天更新的信息量都是十分惊人的。“信息爆炸”的说法主要来源于信息的增长速度，庞大的原始信息量和更新的网络信息量以新闻、娱乐和广告信息为传播媒介作用于每一个人。

对运营者而言，要想让文案被大众认可，并保证自己的文案能够在庞大的信息量中脱颖而出，那么首先需要做到的就是准确性和规范性。这两点做不到，会对短视频账号和直播账号的运营产生不良影响，甚至你的账号会被平台限流。

在实际的应用中，内容的准确性和规范性是对任何文案写作的基本要求，运营者在写文案之前要留心文案的规范和格式，文案撰写完成后记得检查文案内容有无缺漏，具体的内容分析如图 5-4 所示。

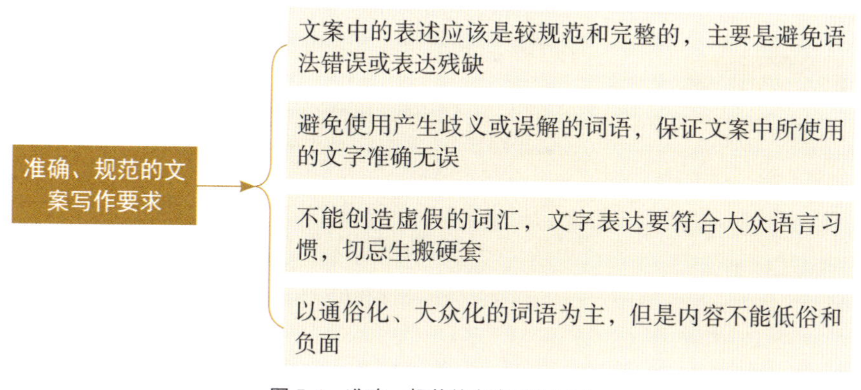

图 5-4　准确、规范的文案写作要求

之所以要准确、规范地进行文案写作，主要就是因为准确和规范的文案信息更能够被用户理解，更能有效地传播。

5.2.2　思路 2：打造热点

热点之所以能成为热点，就是因为有很多人关注，把它给炒热了。而一旦某个内容成为热点之后，许多人便会对其多一分兴趣。所以，在写作文案的过程中，如果能够围绕热点打造内容，便能达到更好地吸引用户的目的。

5.2.3　思路 3：立足定位

精准定位同样属于文案的基本要求之一。每一个成功的广告文案都具备这一特点，即了解自己的目标用户，根据自己的目标用户人群的属性，打造精准的文案，以利于用户接受，达到想要的效果。

这类文案虽然文字简单，但是内容精准，这对短视频和直播来说是非常加分的。文案很明确地指出了目标用户是什么人群，这样能够快速吸引大量对这类内容感兴趣的用户的目光，获得他们的喜欢。

当然，运营者首先需要知道自己的目标用户是什么人，清楚用户的具体画像。一般情况下，运营者在拍摄初期就会确定自己的目标用户，然后根据目标用户的特征或属性及产品内容来写文案。那么，运营者如何精准地定位呢？可以从 4 个方面入手，如图 5-5 所示。

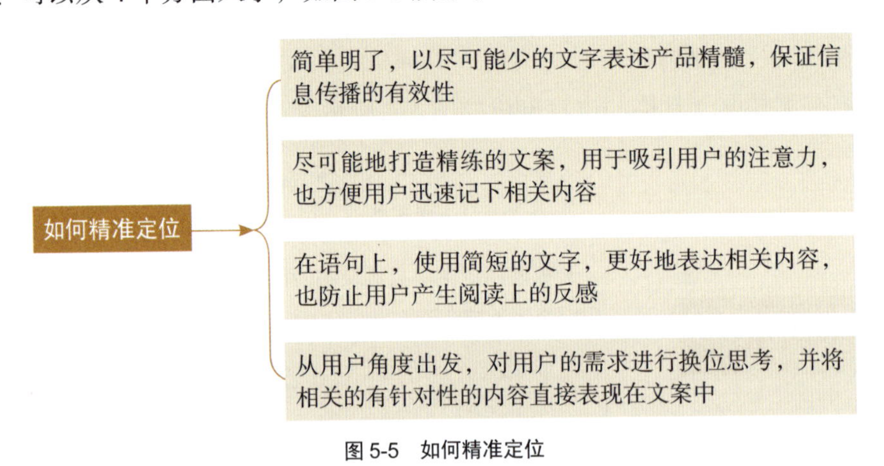

图 5-5　如何精准定位

5.2.4　思路 4：个性化表达

生动形象的文案表达，非常能营造出画面感，从而加深用户的第一印象，让用户看一眼就能记住文案内容。

对运营者来说，每一个优秀的文案在最初都只是一张白纸，需要运营者不断地添加内容，才能够最终成型。要想更有效地完成任务，就需要对文案的表达有一个完整的思路。

而一则生动形象的文案可以通过清晰的别样表达，吸引用户关注，激发用户对文案中内容的兴趣，从而使得用户观看、点赞、评论和转发。

5.2.5　思路 5：具有创意

创意对任何行业的文案来说都十分重要，尤其是在网络信息极其发达的当今社会中，自主创新的内容往往能够让人眼前一亮，进而使运营者获得更多的关注。

创意是为文案主题进行服务的，所以文案中的创意必须与主题有着直接关系。创意不能生搬硬套、牵强附会。在常见的优秀案例中，文字和图片的双重创意往往比单一的创意更能够打动人心。

对于正在创作中的文案，要想突出文案特点，那么在保持创新的前提下，需要通过多种方式更好地打造文案本身。良好的文案表达能为文案加分，而文案表达主要有 7 个方面的要求，具体为词语优美、方便传播、易于识别、内容流畅、契合主题、易于记忆和突出重点。

5.3　4 个表达技巧，激发用户兴趣

内容策划需要具备一定的文字水平，而要想更高效、更高质地完成文案写作任务，除了掌握 5 个策划技巧和 5 个文案思路，还需要学会玩转文字，让表达更符合用户的口味。

5.3.1　技巧 1：文字通俗易懂

文字要通俗易懂，能够做到雅俗共赏。这既是内容策划的基本要求，也是在文案创作的逻辑处理过程中，运营者必须了解的思维技巧之一。

从本质上而言，通俗易懂并不是要将文案中的内容省略掉，而是通过文字组合展示要表达的内容，让用户在看到文案之后，便心领神会。毕竟，用户看不太懂或者需要花一定时间思考的文案，会让运营者损失一部分流量。

5.3.2　技巧 2：删除多余内容

成功的文案往往表现统一，失败的文案则原因众多。在可避免的问题中，文字的多余累赘是失败的主因，主要包括内容毫无意义、文字说服力弱和问题模棱两可等。

解决多余文字最直接的方法就是将其删除，这也是强调与突出关键字句最直接的方法。文案的字数太多，用户就很难抓住重点，也可能丧失了继续看下去的兴趣。

对文案策划来说，删除多余的内容其实是一种非常聪明的做法。一方面，

删除多余的内容可以让重点内容更加突出，用户能够快速把握运营者想传达的意图；另一方面，删除多余的内容还可以让内容将变得更加简练，同样的内容能够用更短的时间进行传达，用户不容易产生反感情绪。

有的运营者在创作文案内容时，喜欢兜圈子，能够用一句话说清楚的意思非要反复强调，不仅降低了文案的可看性，还可能导致用户“食之无味”。

另外，文案策划的目的是推广，因此每个策划方案都应当有明确的主题和内容焦点，并围绕该主题和焦点进行文字创作。

图 5-6 所示为淘宝和唯品会的部分文案内容。不管是淘宝的“太好逛了吧！”还是唯品会的“品牌特卖”，文案的主题思想都很明确，而且文字非常简练，用户看到就能明白其想要表达的中心意思，也更愿意接受这样的营销内容。运营者策划文案内容时也应该如此，尽可能用简短的内容传达核心思想。

图 5-6　淘宝和唯品会的部分文案内容

5.3.3　技巧 3：少用专业术语

专业术语是指特定领域和行业中，对某一特定事物的统一称谓。在现实生活中，专业术语十分常见，但其使用范围有一定的限制，如果不是本行业的人可能很难理解，因此在直播中往往需要将专业术语用更简洁的方式替代。

例如，在一个学习代码的直播间中，运营者使用的都是程序代码的专业术语，这样就会让一些不太懂代码的用户看后一头雾水，而且如果运营者对这些代码也没有进行解释和说明，那么很多用户看完直播后还是不懂。

不过，减少术语的使用量并不是不使用专业术语，而是要控制使用量，并且适当对专业术语进行解读，把专业内容变得通俗化。

5.3.4　技巧 4：突出重点内容

文案的成功很大程度上取决于内容主题达到的效果。因此，运营者在策划文案时应该以内容为中心，时刻突出重点内容，这样用户才能更快、更精准地领会主题。

需要注意的是，运营者要想在文案中突出中心内容，还要提前对相关的用户群体有一个传递的过程。除了醒目的重点内容，文案中的重点信息也必须在一开始就传递给用户，优秀的文案应该是简洁且重点突出，适合内容、适合媒介、适合目标群体的，形式上更要做到不花哨、不啰唆。

5.4　8 个创作思路，写出吸睛标题

在创作文案的过程中，标题的重要性不言而喻。一个标题的好坏会影响播放率的高低。接下来从 8 个方面给大家介绍一下如何写作标题才能吸引更多的用户观看。

5.4.1　思路 1：福利型标题

福利型的标题是指在标题中向用户传递出一种“查看这个你就赚到了”的感觉，让用户自然而然地想要看完。一般来说，福利型标题准确把握了用户贪图利益的心理需求，让用户一看到“福利”的相关字眼就会忍不住想要了解。

福利型标题的表达方法有两种：一种是比较直接的方式，另一种则是间接的表达方式。虽然方式不同，但是效果都相差无几，具体如下。

（1）直接型：会在标题上直接写有“福利”二字，用户一看就知道具有福利。图 5-7 所示为抖音短视频的直接福利型标题。

（2）间接型：通过运用与福利具有相似表达意思的其他词语传递福利，如超值、优惠等词。图 5-8 所示为抖音短视频的间接福利型标题。

这两种类型的福利型标题虽然稍有区别，但本质上都是通过“福利”来吸引用户眼球的，从而提高播放率。福利型标题通常会给用户带来一种惊喜之感。试想，如果标题中或明或暗地指出含有福利，你难道不会心动吗？所以运营者不要小看福利型标题的影响力。

福利型标题既可以吸引用户的注意力，又可以为用户带来实际利益，可谓一举两得。当然，在撰写福利型标题的时候也要注意，不要因为侧重福利而偏离了主题，而且最好不要使用太长的标题，以免影响传播效果。

值得注意的是，在撰写福利型标题的时候，无论是直接型，还是间接型，都应该掌握以下 3 点技巧。

图 5-7　抖音短视频直接福利型标题

图 5-8　抖音短视频间接福利型标题

（1）点明提供的优惠、折扣及活动。

（2）了解用户最想得到的福利是什么。

（3）提供的福利信息一定要真实可信。

5.4.2　思路 2：价值型标题

价值型标题是指向用户传递一种只要查看了就可以掌握某些技巧或者知识的信息。这种类型的标题之所以能够引起用户的注意，是因为抓住了人们想要从中获取实际利益的心理。许多用户都是带着一定的目的刷视频和逛直播间，要么是希望视频和直播含有福利，比如优惠、折扣，要么是希望能够从中学到一些有用的知识。因此，价值型标题的魅力是不可阻挡的。

在打造价值型标题的过程中，往往会碰到这样一些问题，比如“什么样的技巧才算有价值？”“价值型的标题应该具备哪些要素？”等。那么，价值型的标题到底应该如何撰写呢？笔者将其经验技巧总结为 3 点，具体如下。

（1）使用比较夸张的语句突出价值。

（2）懂得一针见血地抓住用户的需求。

（3）重点突出技巧，知识点好学、好用。

值得注意的是，在撰写价值型标题时，最好不要提供虚假的信息，比如“一分钟一定能学会 ××”“3 大秘诀包你 ××”等。价值型标题虽需要添加夸张的成分，但是要把握好度，要有底线和原则。价值型标题通常出现在技术类的文案之中，主要是为用户提供实际好用的知识和技巧。

5.4.3　思路 3：揭露型标题

揭露型标题是指为用户揭露某件事不为人知的秘密的一种标题。大部分人都有一种好奇心和八卦心理，而这种标题恰好可以抓住用户的这种心理，从而给用户传递一种莫名的兴奋感，充分引起用户的兴趣。

运营者可以利用揭露型标题做一个长期的专题，从而达到一段时间内或者长期凝聚用户的目的。而且，这种类型的标题比较容易打造，只需把握 3 大要点即可，具体如下。

（1）清楚表达的事实真相是什么。

（2）突出展示真相的重要性。

（3）运用夸张、显眼的词语等。

撰写揭露型标题，最好在标题之中显示出冲突性和巨大的反差，这样可以有效地吸引用户的注意力，抓住用户的眼球，使得用户认识到内容的重要性，从而愿意主动点击，提高播放率。

揭露型标题其实和建议型标题有不少相同点，因为都提供了具有价值的信息，能够为用户带来实际的利益，从而吸引用户点击。当然，所有的标题类型实际上都是一样的，都带有自己的价值和特色，否则也无法吸引用户的注意，更别提为点击率做贡献了。

5.4.4 思路 4：冲击力标题

不少人认为："力量决定一切。"这句话虽带有绝对化的主观意识，但还是有一定道理的。其中，冲击力作为力量范畴中的一员，在撰写标题时有着它独有的价值和魅力。所谓"冲击力"，即带给人视觉和心灵触动的力量，也是引起用户关注的原因所在。

在撰写具有冲击力的标题时，要善于利用"第一次"和"比……还重要"等类似的较具有极端性特点的词汇——因为用户往往比较关注那些具有特别突出特点的事物，而"第一次"和"比……还重要"等词汇是最能充分体现其突出性的，往往能带给用户强大的戏剧冲击感和视觉刺激感。

5.4.5 思路 5：悬念型标题

好奇是人的天性，悬念型标题就是利用人的好奇心来打造的，首先抓住用户的眼球，然后提升用户的兴趣。

标题中的悬念是一个诱饵，引导用户查看视频和直播的内容，因为大部分人看到标题里有没解答疑问和悬念，就会忍不住进一步弄清楚到底怎么回事。这就是悬念型标题的套路。

悬念型标题在日常生活中运用得非常广泛，也非常受欢迎。人们在看电视、综艺节目的时候也会经常看到一些节目预告之类的广告，这些广告就会采取这种悬念型的标题引起用户的兴趣。利用悬念撰写标题的方法通常有 4 种，具体如下。

（1）利用反常的现象造成悬念。

（2）利用变化的现象造成悬念。

（3）利用用户的欲望造成悬念。

（4）利用不可思议的现象造成悬念。

悬念型标题的主要作用是增加可看性，因此运营者需要注意，在使用这种类型的标题时，一定要确保内容确实是能够让用户感到惊奇、充满悬念的。不然就会引起用户的失望与不满，继而就会让用户对发布这个内容的账号产生怀疑，影响账号在用户心中的美誉度。

5.4.6　思路 6：借势型标题

借势是一种常用的标题写作手法，借势不仅完全是免费的，而且效果还很可观。借势型标题是指在标题中借助社会上一些时事热点、新闻的相关词汇来给短视频和直播造势，增加点击量。

借势一般都是借助最新的热门事件吸引用户的眼球。一般来说，时事热点拥有一大批关注者，而且传播的范围也会非常广，标题借助这些热点就可以让用户更快地搜索到视频和直播，从而吸引用户查看。

那么，在创作借势型标题的时候，应该掌握哪些技巧呢？我们可以从 3 个方面来努力，具体如下。

（1）时刻保持对时事热点的关注。

（2）懂得把握标题借势的最佳时机。

（3）将明星热门事件作为标题内容。

值得注意的是，在打造借势型标题的时候，要注意两个问题：一是带有负面影响的热点不要蹭，大方向要积极向上，充满正能量，带给用户正确的思想引导；二是最好在借势型标题中加入自己的想法和创意，做到借势和创意完美同步。

5.4.7　思路 7：警告型标题

警告型标题常常通过发人深省的内容和严肃深沉的语调给用户以强烈的心理暗示，从而给用户留下深刻印象。

那么，警告型标题应该如何构思打造呢？很多人只知道警告型标题有着比较显著的影响，容易夺人眼球，但具体如何撰写却是一头雾水。笔者在这里分享 3 点技巧，具体如下。

（1）寻找目标用户的共同需求。

（2）运用程度适中的警告词语。

（3）突出展示问题的紧急程度。

在运用警告型标题时，需要注意是否恰当，因为并不是每一个视频和直播都可以使用这种类型的标题。这种标题形式运用得恰当，则能加分，起到其他标题无法替代的作用；运用不当的话，很容易让用户产生反感情绪或引起一些不必要的麻烦。因此，运营者在使用警告型标题的时候要谨慎小心，注意用词恰当与否，绝对不能草率行文，不顾内容胡乱取标题。

5.4.8 思路 8：急迫型标题

很多人或多或少都会有一点拖延症，总是需要在他人的催促下才愿意动手做一件事。富有急迫感的标题就有一种类似于催促用户赶快查看的意味在里面，它能够给用户传递一种紧迫感。急迫型标题是促使用户行动起来的最佳手段，而且也是切合用户利益的一种标题打造方法。

使用急迫型标题时，往往会让用户产生现在就会错过什么的感觉，从而立马查看。那么，这类标题应该如何打造呢？笔者将相关技巧总结为 3 点，具体如下。

（1）在急迫之中结合用户的痛点和需求。

（2）突出显示文章内容需要阅读的紧迫性。

（3）加入“赶快行动、手慢无”等词语。

第 6 章

How：怎么卖呢？短视频带货

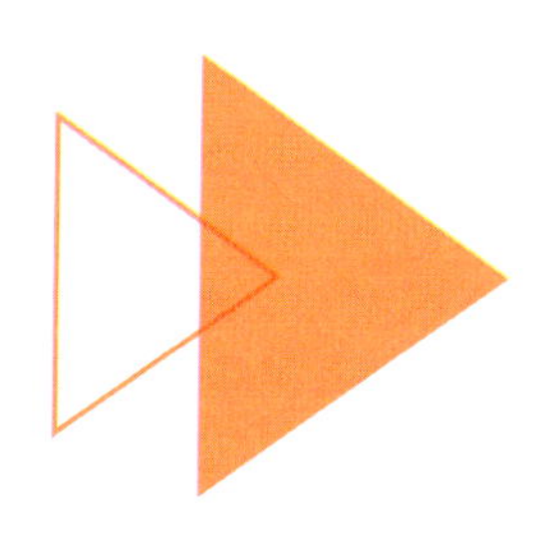

短视频带货的关键就在于制作有吸引力的视频，从而打造出爆款农产品。本章主要从前期拍摄准备和后期剪辑技巧这两个方面出发，重点讲解爆款农产品短视频的制作方法，让大家可以轻松制作优质带货视频，打造爆款产品。

6.1 7个拍摄技巧，拍摄高质量视频

带货短视频想要获得好的效果，就需要利用各种镜头和技巧去拍摄，以保证视频画面的清晰度和美观度。一段视频如果画面不够清晰和美观，就会使视频的质量大打折扣。本节主要介绍带货短视频的前期拍摄技巧，帮助运营者快速拍摄出高质量的农产品视频素材。

6.1.1 技巧1：设备

对于带货短视频拍摄设备的选购，理论上只要是能拍视频的相机或者手机都可以。当然，设备的性能越好画质也就越好。下面就来介绍带货短视频的基本拍摄设备，帮助大家快速选出适合自己的拍摄设备。

1. 适合拍摄带货短视频的相机

在购买拍摄带货短视频的相机之前，我们先要确定好预算，然后在这个预算范围内选择一款性价比较高且适合自己的相机。当然，在选择具体的机型时，我们还需要明确相机的用途，即买相机主要是用来拍什么，如图6-1所示。

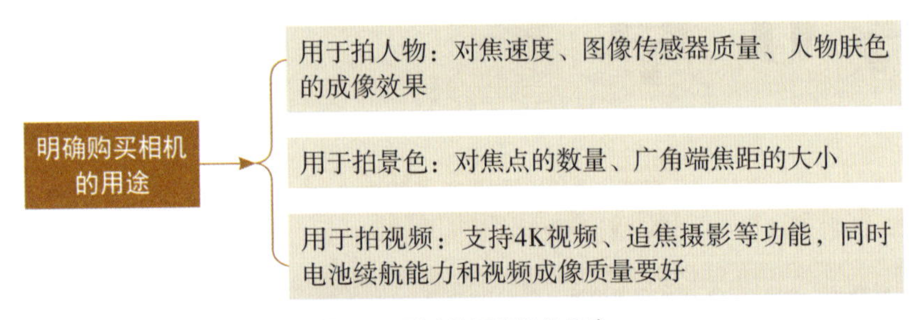

图6-1 明确购买相机的用途

对于入门级新手，推荐使用佳能相机，该品牌的相机拥有较好的操控性，同时具备成像效果柔和、自动对焦功能强大及色彩还原度高等优点，短视频拍摄完成后，无须进行过多的后期处理。

2. 用手机也能拍出不错的带货短视频

那些对带货短视频品质要求不高的运营者可以考虑购买手机，普通的智能手机即可满足拍摄需求，而且这也是目前大部分运营者最常用的拍摄设备。

在选择拍摄带货短视频的手机时，主要关注手机的视频分辨率规格、视频拍摄帧速率、防抖性能、对焦能力及存储空间等因素，尽量选择一款拍摄画质稳定、流畅，并且可以方便地进行后期制作的智能手机。

3. 适合拍摄带货短视频的镜头

如果运营者选择使用单反相机拍摄带货短视频，那么最重要的部件就是镜头了。镜头的优劣会对视频的成像质量产生直接影响，而且不同的镜头可以创作出不同的视频画面效果。下面介绍拍摄带货短视频常用的镜头类型和选购技巧。

（1）广角镜头

广角镜头的焦距通常都比较短、视角较宽，而且其景深很深，对于农产品种植、收获等户外较大场景视频的拍摄非常适合，画质和锐度都相当不错。

（2）长焦镜头

普通长焦镜头的焦距通常在 85 ～ 300mm 范围内，超长焦镜头的焦距可以达到 300mm 以上，可以拉近拍摄距离，非常清晰地拍摄远处的物体，主要特点是视角小、景深浅及透视效果差，适合拍摄农产品的细节。

在拍摄农产品的特写视频时，使用长焦镜头还可以获得更浅的景深效果，从而更好地虚化背景，让用户的眼球聚焦在视频画面中的农产品主体上。在拍摄有遮挡物的逆光场景时，使用长焦镜头可以让焦外光晕显得更大，画面也更加唯美。

（3）镜头的选购

在选择拍摄农产品带货短视频的镜头时，运营者可以观察镜头上的各种参数信息，例如品牌、焦距、光圈和卡口类型等。图 6-2 所示为索尼（SONY）FE 24-70mm F2.8 GM 全画幅标准变焦 G 大师镜头。

图 6-2　全画幅标准变焦 G 大师镜头

其中，FE 是指全画幅镜头；24-70 表示镜头的焦距范围，单位为毫米；F2.8 表示镜头的最大光圈系数；GM 即 G Master，意思是专业镜头。如果运营者对镜头的选购拿不定主意的话，建议去租用一些镜头，然后亲自拍摄试用，并对作品进行对比，检查画面的清晰度和焦距，来选择拍摄效果更优的镜头。

6.1.2 技巧 2：器材

与普通短视频相比，带货短视频的拍摄要求比较高，需要用到很多专业的灯光和附件等摄影器材，才能拍摄出专业的带货短视频效果。

1. 各种灯光设备

当在室内或者专业摄影棚内拍摄带货短视频时，通常要保证光感清晰、环境敞亮、可视物品整洁，因此需要有明亮的灯光和干净的背景。光线是获得清晰视频画面的有力保障，不仅能够增强画面氛围，而且还可以利用光线来创作更多有艺术感的视频作品。下面笔者就来介绍一些拍摄专业带货短视频常用的灯光设备。

（1）摄影灯箱。摄影灯箱能够带来充足且自然的光线，具体打光方式以实际拍摄环境为准，建议一个顶位，两个低位，适合各种音乐、舞蹈、课程和带货等类型的短视频场景。

（2）顶部射灯。顶部射灯的功率大小通常为 15 ～ 30W，运营者可以根据拍摄场景的实际面积和安装位置，来选择强度和数量合适的顶部射灯。顶部射灯适合在舞台、休闲场所、居家场所、娱乐场所、服装商铺和餐饮店铺等拍摄场景使用。

（3）美颜面光灯。美颜面光灯通常带有美颜、美瞳和靓肤等功能，光线质感柔和，同时可以随场景自由调整光线亮度和补光角度，拍出不同的光效。美颜灯适合拍摄彩妆造型、美食试吃、主播直播及模特视频等场景。

2. 摄影灯架设备

摄影灯架主要是用来固定各种灯源的设备，可以为带货短视频的拍摄提供照明帮助，给所拍摄的农产品打上不同强度的灯光，同时确保灯照的平衡性。比较常用的摄影灯架就是三脚架摄影棚支架，它可以在一定范围内调节高度，适用于直播补光、平面摄影和视频录制等场景。

还有一种魔术腿摄影灯架，其横臂可以 360° 旋转，适用于不同的光位，满足专业的视频拍摄需求。另外，在拍摄运动镜头时，我们可以使用手持补光灯架，让灯光可以始终照到农产品主体上。

3. 拍摄台和旋转台

拍摄台主要用于拍摄小型的带货短视频，承重性能良好，通常采用半透明的磨砂背景板，让光线变得均匀、柔和。通过旋转台可以在视频中 360° 展示农产品的方方面面，非常适合拍摄主图视频，可以提高视频拍摄的效率。

当使用旋转台拍摄带货短视频时，运营者可以通过遥控器调整旋转的启停、角度、方向和速度，从而极大地提高农产品的视觉效果。

★ 专 家 提 醒 ★

在拍摄农产品时，可以将摄影灯放在拍摄台下面，通过台面的漫反射可以增强视频画面的立体感。

4. 倒影板设备

倒影板主要是使用有反射材质的物体制作而成的，例如镜子、金属、陶瓷器、亚克力板或者有机玻璃等，可以形成靓丽的倒影效果。

倒影板通常有黑色和白色两种颜色，黑色的倒影板可以形成漂亮且明显的倒影效果，增强静物摄影的质感。当使用白色倒影板拍摄视频时，可以将拍摄视角降低一些，即可产生淡淡的倒影效果，同时还能更好地展现农产品底部的细节。

5. 布景道具

在带货短视频中，除了要拍出农产品本身的质感，还需要使用各种布景道具来突出农产品的亮点，提升整体画面的视觉效果，让用户有眼前一亮的感觉。

首先，运营者可以根据农产品的整体色系和使用场景来设计整体的布景效果。比如，拍摄熟食可以选择餐桌场景；拍摄新鲜水果可以选择果园场景。合理的农产品布景能够增强用户的代入感，提升他们下单的积极性。

其次，运营者还需要根据农产品的特点来选择合适的拍摄道具。例如，拍摄美食农产品可以将木质材料的餐具作为道具，同时还可以摆放一些五谷杂粮或调料等道具作为点缀。

最后，当确定好场景和道具后，还需要注意农产品和道具的摆放，必须让整个视频画面的构图看上去更协调。

如果在视频中只拍摄农产品，难免会显得有些单调，此时运营者可以在没有喧宾夺主的情况下给农产品添加一些道具作为点缀，辅助视频的拍摄。例如，在拍摄水果视频时，可以将水果放置在一个精致的果篮中，这样拍出来的画面更有意境。

6. 稳定设备

稳定器是拍摄带货短视频时用于稳固拍摄器材，并给手机或相机等拍摄器材作支撑的辅助设备，如三脚架、八爪鱼支架和手持云台等。所谓稳固拍摄器材，就是指将手机或相机固定或者使其处于一个十分平稳的状态。

拍摄器材是否稳定，能够在很大程度上决定视频画面的清晰度，如果手机或相机不稳，就会导致拍摄出来的视频画面也跟着摇晃，从而使画面变得十分模糊。如果手机或相机被固定好，那么在视频的拍摄过程中就会十分平稳，拍摄出来的视频画面也会非常清晰。

（1）三脚架

三脚架主要用来在拍摄带货短视频时更好地稳固手机或相机，为创作清晰的带货短视频提供了一个稳定的平台。购买三脚架时注意，它主要起到稳定拍摄器材的作用，所以三脚架需要结实。但是，由于其经常需要被携带，所以又需要有轻便快捷和随身携带的特点。

（2）八爪鱼支架

三脚架的优点一是稳定，二是能伸缩。但三脚架也有缺点，就是摆放时需要相对比较平坦的地面，而八爪鱼刚好能弥补三脚架的缺点，因为它有“妖性”，八爪鱼能“爬杆”、能“上树”，还能“倒挂金钩”，能够获得更多、更灵活的带货短视频取景角度。

（3）手持稳定器

手持稳定器的主要功能是稳定拍摄设备，防止画面抖动造成的模糊，适合在户外直播或拍摄农产品视频时使用。手持稳定器能根据运营者的运动方向或拍摄角度来调整镜头的方向，无论在拍摄期间如何运动，手持稳定器都能保证视频拍摄的稳定。

7. 其他常用拍摄器材

对新手来说，拍摄带货短视频可能一部手机就完全足够了，但对专业运营者来说，可能会购买一大堆辅助设备，来拍出专业级的带货短视频效果。

（1）运动相机

运动相机可以还原每一个运动瞬间，记录更多转瞬即逝的动态之美或奇妙表情等丰富的细节，还能保留相机的转向运动功能，带来稳定、清晰、流畅的视频画面效果。

运动相机能满足旅拍、Vlog（video blog 或 video log，意为视频日志）和生活记录等各种短视频场景的拍摄需求。运营者可以在拍摄前先设置好分辨率、帧率、色彩和畸变校正等功能，并且在拍摄时灵活地转变视角，以获得流畅平稳的画面效果。

（2）录音设备

如果带货短视频对声音的要求比较高，推荐大家在 TASCAM、ZOOM 及 SONY 等品牌中选择一些高性价比的录音设备。

例如，TASCAM 品牌的录音设备具有稳定的音质和持久的耐用性，如 TASCAM DR-100MKIII 录音笔的体积非常小，适合单手持用，而且可以保证采集的人声更为集中与清晰，收录效果非常好。

（3）绿色背景布

绿色背景布是拍摄合成类带货短视频必不可缺的设备，方便运营者进行抠像合成和更换背景等视频处理，适用于各种后期场景。

6.1.3　技巧 3：运镜

在拍摄带货短视频时，运营者同样需要在镜头的角度、景别以及运动方式等方面下功夫，掌握这些“大神”们常用的运镜手法，能够帮助运营者更好地突出视频的主体和主题，让用户的视线集中在你要展示的农产品对象上，同时让视频画面更加生动，更有画面感。

1. 稳定的运镜方式

镜头包括两种常用类型，分别为固定镜头和运动镜头。固定镜头就是指在拍摄带货短视频时，镜头的机位、光轴和焦距等都保持固定不变，适合拍摄主体有运动变化的对象，如 360° 旋转农产品、展示农产品的用途和特色等画面。

运动镜头是指在拍摄的同时会不断调整镜头的位置和角度，也可以称之为移动镜头。因此，在拍摄形式上，运动镜头要比固定镜头更加多样化，常见的运动镜头包括推拉运镜、横移运镜、摇移运镜、甩动运镜、跟随运镜、升降运镜及环绕运镜等。

运营者在拍摄带货短视频时可以熟练使用这些运镜方式，更好地突出画面细节和表达主题内容，从而吸引更多用户关注你的农产品。

2. 创意十足的镜头语言

镜头语言是指将镜头作为一种语言表达方式，在视频中展现我们的意图。

根据景别和视角的不同，镜头语言的表达方式也千差万别。对于带货短视频的拍摄，虽然发挥的空间有限，但作者的创意是无限的，因此最重要的是你的想法，好的镜头语言离不开好的想法。

下面以拍摄一款土豆为例，看看它在镜头语言方面有哪些创意。该短视频的脚本主要分为“外观展示 + 细节展示 + 使用方法展示”3 个部分。

（1）外观展示。视频首先展示了土豆的整体外观，采用从特写镜头到全景镜头的方式，突出土豆的健康材质，并选用了厨房作为背景进行搭配展示，从而更好地突出土豆的用途即作为食材，也让短视频画面看上去更加干净清晰。

（2）细节展示。接下来展示了土豆的细节特征，同样采用“全景镜头 + 特写镜头”的方式，突出了土豆内部的材质细节，抓住了用户关注的卖点，更好地吸引用户购买。

（3）使用方法展示。最后采用运动镜头的方式拍摄土豆被烹饪的具体过程，突出土豆作为食材的各种烹饪方法，不会让整个视频显得太空洞，同时抓住用户的眼球，刺激用户下单。

需要注意的是，在策划土豆带货短视频的脚本时，需要抓住土豆的特点，并且展示使用后的效果。

3. 用镜头增强视频的感染力

在拍摄带货短视频时，注意运用近景、全景、远景、特写等景别，让画面中的故事情节叙述和人物感情表达等有表现力。例如，远景镜头可以更加清晰地展现农产品的外貌形象和部分细节，以及更好地表现视频拍摄的时间和地点。

另外，就拍摄静物带货短视频而言，比各种拍摄角度更重要的是画面内一定要有运动，如果固定拍摄角度，将农产品放在拍摄台上一动不动，这样拍出来的视频和照片没有任何区别。因此，运营者在拍摄带货短视频时，一定要让画面运动起来，从而增强视频的感染力，下面介绍一些具体的拍摄方法。

（1）镜头运动，产品不动。这是一种最简单的运镜方式，只需将农产品放好，然后手持拍摄设备或用稳定器来移动镜头，这种运镜方式比较基础，但效果非常好。

（2）固定镜头，移动产品。移动农产品的方法非常多，比如将农产品放在一块布上，然后轻轻拉动布块来形成移动，也可以直接用手来移动农产品。

（3）灯光移动。在一些手机和汽车等产品的相关带货短视频中，通常可以看到大量的灯光移动效果，从而在其表面产生丰富的光影变化。

（4）在画面中添加动感元素。动感元素的范围非常大，比如利用电子烟可以创造出烟雾效果，或者用喷水壶制作水雾效果，也可以通过后期来添加各种动感元素，运营者可以充分发挥自己的创造力，大胆去进行尝试。

6.1.4　技巧 4：光源

不管是阴天、晴天、白天、黑夜，都存在光影效果，拍视频要有光，更要用好光。下面介绍 3 种不同的光源，例如自然光、人造光、现场光的相关知识，让大家认识这 3 种常见的光源，学习运用这些光源来让农产品视频的画面色彩更加丰富。

1. 自然光

自然光，显而易见就是指大自然中的光线，通常来自太阳的照射，是一种热发光类型。自然光的优点在于光线比较均匀，而且照射面积也非常大，通常不会产生有明显对比的阴影。自然光的缺点在于光线的质感和强度不够稳定，会受到光照角度和天气因素的影响。

2. 人造光

人造光主要是指利用各种灯光设备产生的光线效果，比较常见的人造光源有白炽灯、日光灯、节能灯及发光二极管（Light-Emitting Diode，LED）等，相关优缺点如图 6-3 所示。人造光的主要优势在于可以控制光源的强弱和照射角度，从而完成一些特殊的拍摄要求，增强画面的视觉冲击力。

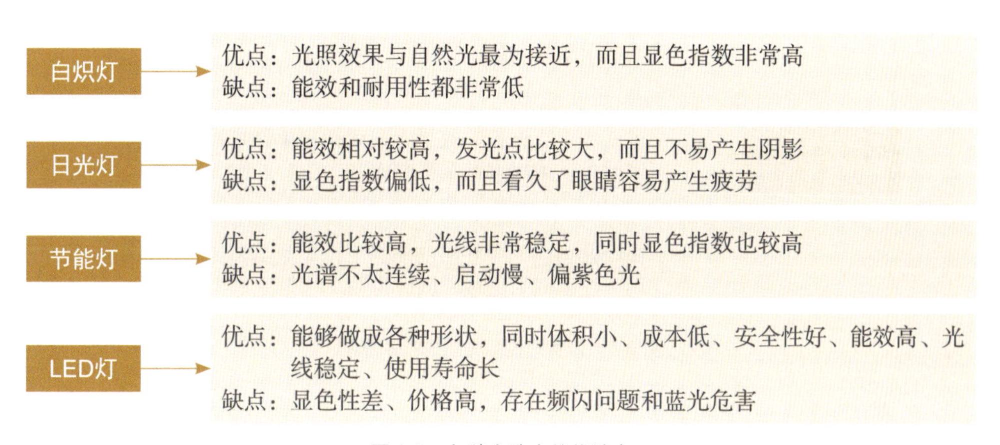

图 6-3　各种人造光的优缺点

3. 现场光

现场光主要是利用拍摄现场中存在的各种已有光源来拍摄农产品视频，比如路灯、建筑外围的灯光、舞台氛围灯、室内现场灯及大型烟花晚会的光线等，这种光线可以更好地传递场景中的情调，而且真实感很强。

但需要注意的是，运营者在拍摄时需要尽可能地找到高质量的光源，避免画面模糊。自然光线是可以利用的，当不能有效利用自然光时，可以尝试使用人造光源或现场光源，这也是一种十分有效的拍摄方法。

6.1.5 技巧 5：构图

构图是指通过安排各种物体和元素，来实现一个主次关系分明的画面效果。拍摄带货短视频，需要对画面中的主体进行恰当的摆放，使画面看上去更有冲击力和美感，这就是构图的作用。

因此，在拍摄带货短视频的过程中，也需要对摄影主体进行适当构图，遵循构图原则，才能让拍摄的视频更加富有艺术感和美感，更加吸引用户的眼球。

1. 带货短视频构图的基本原则

构图起初是绘画的专有术语，后来广泛应用于摄影和平面设计等领域。一个成功的带货短视频，大多拥有严谨的构图方式，能够使得画面重点突出，有条有理，富有美感，赏心悦目。图 6-4 所示为带货短视频构图的基本原则。

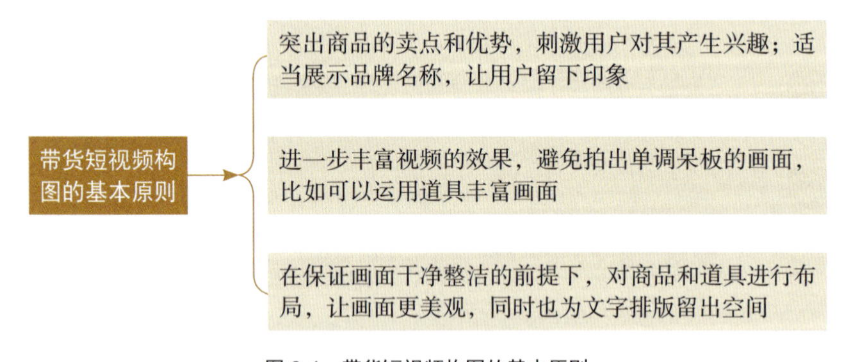

图 6-4 带货短视频构图的基本原则

2. 带货短视频的基本构图形式

对带货短视频来说，好的构图是保证画面整体效果的基础，再加上光影的表现、环境的搭配和农产品本身的特点来进行配合，可以使带货短视频大放异彩。下面介绍带货短视频的一些基本构图形式。

（1）中心构图。中心构图即将视频主体置于画面正中间进行取景，最大的优点在于主体突出、明确，而且画面可以达到上、下、左、右平衡，用户的视线会自然而然地集中到农产品主体上。

（2）三分构图。三分构图是指将画面用两横或两竖平均分割成三等份，将农产品放在某一条三分线上，让农产品更突出、画面更美观。

（3）对角线构图。对角线构图是指在画面中两个对角存在一条连线，在这条对角线上，可能是主体，也可能是辅体，关键是形成了对角的一种线条感，让画面富有动感、活泼，牵引着人的视线，还可以产生一种代入感。

（4）散点式构图。散点式构图是指将一定数量的农产品散落在画面当中，让画面看上去错落有致、疏密有度，而且疏中存密、密中见疏，从而产生丰富、宏观的视觉感受。

（5）远近结合构图。远近结合构图是指运用远处与近处的对象，进行距离或大小上的对比，来布局画面元素。在实际拍摄时，需要摄影师找到远近可以进行对比的对象，然后从某一个角度切入进行拍摄，可以产生更强的空间感和透视感。

3. 带货短视频的进阶构图技巧

好的构图可以让带货短视频的拍摄事半功倍，构图的技巧有很多，即使是同款产品，也可以在构图上产生差异化，从而让农产品在众多同类中更亮眼。下面重点介绍一些带货短视频的进阶构图技巧。

（1）带货短视频构图的核心是突出主体。

简单来说，构图就是一种安排镜头下各个画面元素的一种技巧，通过将模特、产品、文案等进行合理的安排和布局，从而更好地展现运营者要表达的主题，或者使画面看上去更加美观、更有艺术感。

主体就是视频拍摄的主要对象，可以是模特或者产品，是主要强调的对象，主题也应该围绕主体来展开。通过构图这种比较简单有效的方法，可以达到突出带货短视频的画面主体、吸引用户视线的目的。

（2）选择合适的陪体、前景和背景。

很多非常优秀的带货短视频中都有明确的主体，这个主体就是主题中心，而陪体就是起到在视频画面中烘托主体的作用。陪体对主体的作用非常大，不仅可以丰富画面，还可以更好地展示和衬托主体，让主体更加有美感，对主体起到说明的作用。

从严格意义上来说，带货短视频拍摄的环境和陪体的功能非常类似，主要是在画面中对主体起到解释说明的作用，包括前景和背景两种形式，可以加强用户对视频的理解，让主题更加清晰明确。

前景主要是指位于被摄主体前方，或者靠近镜头的景物。背景通常是指位于主体对象背后的景物，可以让主体的存在更加和谐、自然，同时还可以对主体所处的环境、位置、时间等做一定的说明，更好地突出主体、营造画面氛围。

（3）用特写构图表现农产品的局部细节。

每种农产品都有它自己独特的质感和表面细节，在拍摄的视频中成功地表现出这种质感和细节，可以大大地增强画面的吸引力。

当然，不排除有很多粗心的用户，他们也许不会去仔细看你的农产品的细节特点，只是简单地看一下价格和基本介绍，觉得合适就马上下单。对于这些用户，我们可以将农产品最重要的特点和作用拍摄下来，并在带货短视频中展现出来，让他们快速看到农产品的这些优势，从而促进成交。

6.1.6 技巧 6：脚本

商家和运营者只有深入了解自己的农产品，对农产品的生产流程、产地和功能等信息了如指掌，才能提炼出农产品的真正卖点。在拍摄带货短视频时，商家和运营者可以根据用户对痛点需求的关注程度，来排列农产品卖点的优先级，并在此基础上设计拍摄脚本。具体来说，在策划视频脚本时，要注意以下几点。

1. 策划视频脚本，展现农产品精华

当运营者找到农产品的卖点后，就需要根据这个卖点来设计带货短视频的脚本。具体来说，运营者需要根据农产品卖点来规划需要拍摄的场景和镜头，以及每个镜头需要搭配的字幕内容。将带货短视频脚本做好后，能够大大提升工作效率。

2. 高销量的带货脚本创作要点

带货短视频带货主要是依靠视频内容的展现，来吸引用户下单的，因此脚本的设计尤为重要。优秀的脚本不仅可以提高带货短视频的转化率和销量，而且还可以极大地提高带货短视频的制作效率，达到事半功倍的效果。那么，视频带货脚本怎么设计呢？笔者认为可以从以下 3 个方面入手，如图 6-5 所示。

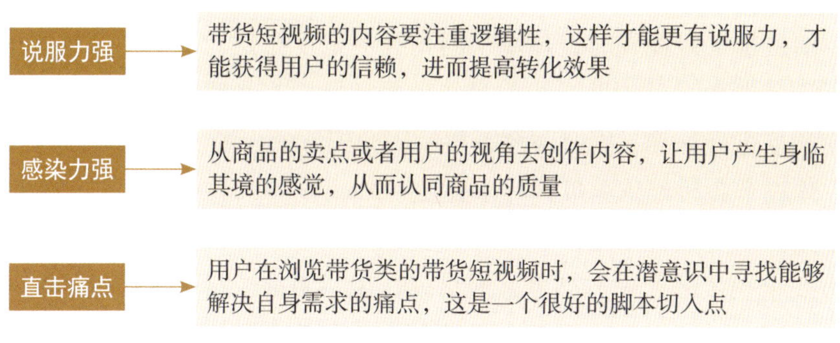

图 6-5　视频带货脚本设计 3 个方面

例如，喜欢吃芒果的用户，在看到有关芒果的带货短视频时，停留的时长就会相对较长。因此，运营者如果在自己的带货短视频脚本中自己点明农产品的适用人群，就可以吸引这些精准客户的注意。

6.1.7　技巧 7：注意事项

随着短视频的流行，农产品的介绍越来越倾向于用短视频来呈现，而且短视频的转化率要比纯图片更高。不过，带货短视频不是随便拍拍就行的，下面将详细介绍一些拍摄过程中的注意事项，帮助大家做好带货短视频。

1. 选择适合的拍摄场景

很多时候，用户在看到带货短视频时，会将视频中的人物想象成自己，想象自己使用视频中的产品会是一个怎样的感受。因此，带货短视频的拍摄场景非常重要，合适的场景可以让用户产生身临其境的感觉，进一步刺激他下单的欲望。

除了合适的场景搭配，还需要让模特与场景互动起来，从而让产品完全融入场景，这样拍出来的效果会更加有吸引力。

例如，在一个红薯的带货短视频中，可以让模特把红薯蒸熟并试吃，让用户产生亲身体验的感觉。

2. 背景能表现适合农产品的氛围

带货短视频的拍摄背景要整洁，运营者可以根据视频的内容对镜头内的场景进行布置，尽可能地营造出用户所需要表达的氛围。例如，在白菜的带货视频中，可以选择将种植白菜的田地作为拍摄背景，把白菜的种植和采摘过程拍摄出来，更有可能获得用户的信任。

3. 拍摄现场的光线要充足

在拍摄带货短视频时，环境中的光线一定要充足，这样才能更好地展现产品。运营者要尽量创造光线充足的拍摄环境，当光线较暗时，建议使用补光灯对产品进行补光，同时注意不要使用会闪烁的光源。

4. 体现产品的价值和用户的体验

在拍摄带货短视频之前，运营者要先确定自己的拍摄构思，即通过什么样的方式来拍摄，让农产品更好地呈现在用户眼前。运营者可以从两个方面去构思，即通过剧本场景或者小故事来进行拍摄。

当然，不管运营者如何进行构思，在带货短视频中都需要体现出农产品的价值和用户的体验，让用户产生看得见和摸得着的体验，这就是最直接的拍摄技巧。例如，拍摄人参的带货短视频时，可以通过介绍人参的药用价值和养生价值，让用户在视频中体验到产品的养生功效。

5. 注意产品展示的拍摄顺序

对于带货短视频中农产品的展示，运营者也要注意农产品展示的拍摄顺序，建议可以拍摄 5 组镜头，顺序分别为“正面→侧面→细节→功能→场景”，下面分别解析各组镜头的拍摄要点。

（1）正面。通过正面角度可以更好地展现农产品的整体，呈现农产品给人的第一印象。

（2）侧面。通过不同的侧面，如左侧、右侧、背后、顶部、底部等角度，完整地展示农产品。

（3）细节。产品上一些重要的局部细节可以先展示出来，从而更有效地呈现农产品的特点和功能。

（4）功能。逐个演示农产品的具体功能，让农产品与用户产生联系，解决用户的难点、痛点。

（5）场景。将农产品放在一个合适的环境中，来进一步展示它的功能特点和使用体验，场景感越强带货效果越好。

6.2　5 个剪辑技巧，制作高质量视频

用户在线上购物时，能够对产品进行认知的手段之一就是观看带货短视频，通过视频可以十分清楚地看到产品的外观、大小、用途等，那么如何制作带货短视频呢？本节以农产品带货短视频为例，介绍带货短视频的后期制作技巧。

6.2.1　视频效果展示

【效果展示】：本案例以农产品作为拍摄素材，通过剪辑、转场、字幕和贴纸、特效和音乐的搭配，向用户展示出农产品的外观和特质，效果如图 6-6 所示。

图 6-6　画面效果展示

6.2.2　技巧 1：调整素材时长

如果素材的时长较长，但是运营者又不希望删除部分画面，可以通过加快素材的播放速度来缩短素材时长。下面介绍在剪映 App 中调整素材时长的具体操作方法。

步骤 01 在剪映中导入需要编辑的农产品视频素材，将第1段素材的时长调整为5.5s，如图6-7所示。

步骤02 ❶选择第2段素材；❷依次点击“变速”按钮和“常规变速”按钮，如图6-8所示。

图6-7　调整素材的时长

图6-8　点击“常规变速”按钮

步骤03 弹出“变速”面板，拖曳红色圆环滑块，设置“变速”参数为2x，如图6-9所示，即可加快素材的播放速度，并缩短素材时长。

步骤04 为了缩短视频总时长，对其他素材的时长也进行调整，如图6-10所示。

图6-9　设置“变速”参数

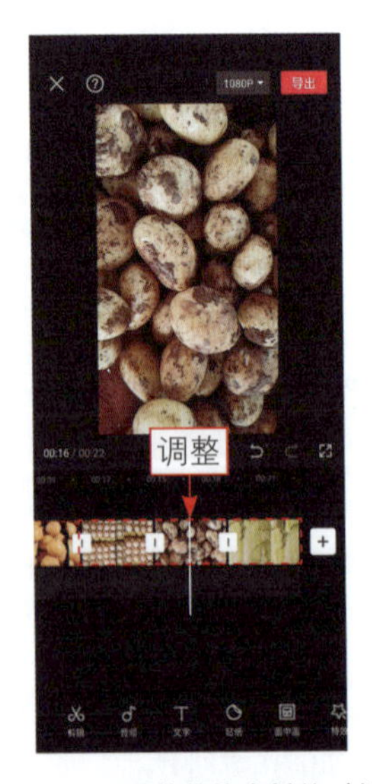

图6-10　调整其他素材的时长

6.2.3　技巧 2：添加转场效果

为视频添加各种风格的转场效果可以增强视频的观赏性。下面介绍在剪映 App 中为视频添加转场效果的具体操作方法。

步骤 01 点击第1段和第2段素材中间的转场按钮 ，如图6-11所示。

步骤 02 弹出“转场”面板，❶切换至“运镜”选项卡；❷选择“拉远”转场，如图6-12所示。

图 6-11　点击转场按钮

图 6-12　选择“拉远”转场

步骤 03 用相同的方法，在第 2 段和第 3 段、第 3 段和第 4 段素材中间分别添加“幻灯片”选项卡中的“向上擦除”转场和“向下擦除”转场，如图 6-13 所示。

步骤 04 用相同的方法，❶在第4段和第5段素材中间添加“幻灯片”选项卡中的“向左擦除”转场；❷拖曳滑块，设置转场时长为 0.2s，如图6-14所示。

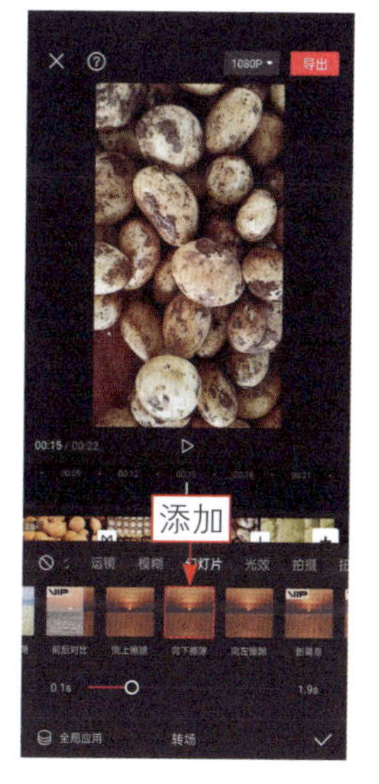

图 6-13　添加相应的转场

图 6-14　设置转场时长

6.2.4 技巧3：添加视频字幕和贴纸

一个没有字幕的视频就像一台没有使用说明书的机器，用户很难从中获得有用的信息，更难产生购买欲望。下面介绍在剪映App中添加视频字幕的具体操作方法。

步骤01 ❶拖曳时间轴至视频起始位置；❷依次点击“文字”按钮和“新建文本”按钮，如图6-15所示。

图6-15 点击“新建文本”按钮

图6-16 选择相应的字体

步骤02 ❶输入相应的文字内容；❷在“字体”选项卡中选择字体，如图6-16所示。

步骤03 ❶切换至“花字”选项卡；❷在“热门”选项区中选择合适的花字样式，如图6-17所示。

步骤04 ❶切换至“动画”选项卡；❷在“入场”选项区中选择“晕开”动画效果，如图6-18所示。

步骤05 ❶切换至“出场”选项区；❷选择“渐隐”动画效果，如图6-19所示。

步骤06 ❶在预览区域中调整文字的位置和大小；❷在文字轨道中调整文字的持续时长；❸在工具栏中点击“复制”按钮，如图6-20所示。

步骤07 ❶修改复制的文字内容；❷在文字轨道中调整文字的位置和持续时长，如图6-21所示。

步骤08 用相同方法，在适当位置添加多段文字，如图6-22所示，在预览区域调整文字的位置，在文

图6-17 选择花字样式

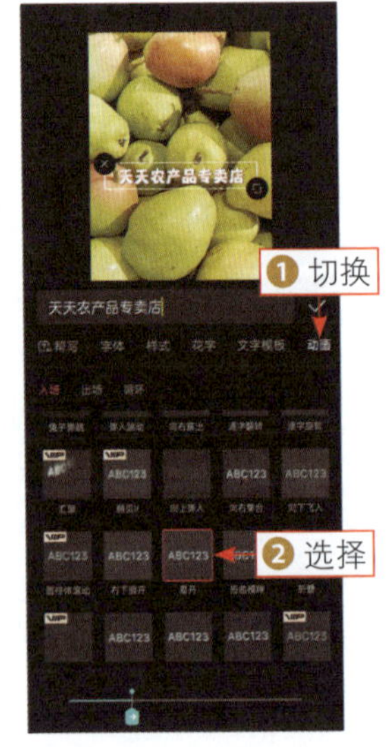

图6-18 选择“晕开”动画效果

字轨道调整文字的位置和持续时长。

图 6-19　选择“渐隐”动画效果

图 6-20　点击“复制”按钮

图 6-21　调整文字的位置和时长

步骤 09 返回到主界面，❶拖曳时间轴至视频起始位置；❷依次点击“贴纸”和“添加贴纸”按钮，如图6-23所示。

步骤 10 在搜索栏中搜索“电商”贴纸，❶在结果中选择合适的贴纸；❷在预览区域调整贴纸的位置和大小，如图6-24所示。最后在贴纸轨道调整贴纸的位置和持续时长。

图 6-22　添加多段文字

图 6-23　点击“添加贴纸”按钮

图 6-24　调整贴纸的位置和大小

6.2.5 技巧 4：添加趣味特效

商家可以为视频添加一些有趣的特效来增加视频的新奇性。下面介绍在剪映 App 中为视频添加趣味特效的具体操作方法。

步骤 01 返回主界面，❶ 拖曳时间轴至视频起始位置；❷ 在工具栏中点击“特效”按钮，如图 6-25 所示。

步骤 02 进入特效工具栏，点击“画面特效”按钮，如图 6-26 所示。

步骤 03 进入特效素材库，❶ 切换至“基础”选项卡；❷ 选择“开幕”特效，如图 6-27 所示。

步骤 04 在特效轨道调整“开幕”特效的持续时长，如图 6-28 所示。

步骤 05 用相同的方法，再添加一个“边框”选项卡中的“手绘拍摄器”特效，并在特效轨道调整其位置和持续时长，使其结束位置与视频的结束位置对齐，如图6-29所示。

图 6-25 点击“特效”按钮

图 6-26 点击“画面特效”按钮

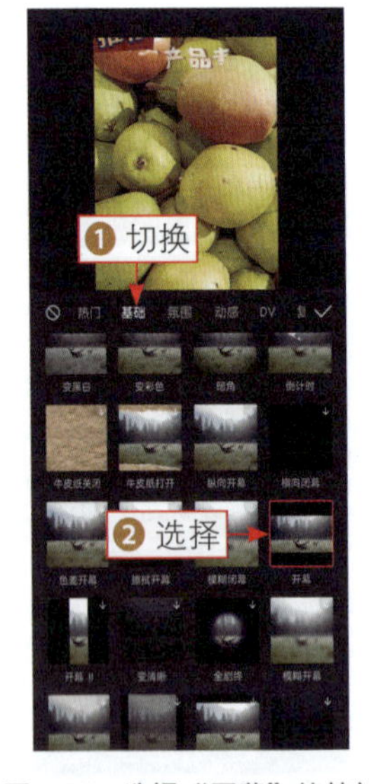

图 6-27 选择“开幕”的特效

图 6-28 调整特效的持续时长

图 6-29 添加相应的特效

6.2.6　技巧 5：添加背景音乐

剪辑时长后，就可以为带货短视频添加相应的背景音乐了，合适的背景音乐可以让视频更完整、更出彩，也更具有吸引力。下面介绍在剪映 App 中添加背景音乐的具体操作方法。

步骤 01 点击主界面下方的“音频”按钮，如图6-30所示。

步骤 02 在音频工具栏中点击“音乐”按钮，如图6-31所示。

步骤 03 执行操作后，即可进入“添加音乐”界面，选择界面上方的“纯音乐”选项，如图6-32所示。

步骤 04 执行操作后，进入“纯音乐”界面，点击相应音乐右侧的“使用”按钮，如图6-33所示。

图 6-30　点击“音频”按钮

图 6-31　点击“音乐”按钮

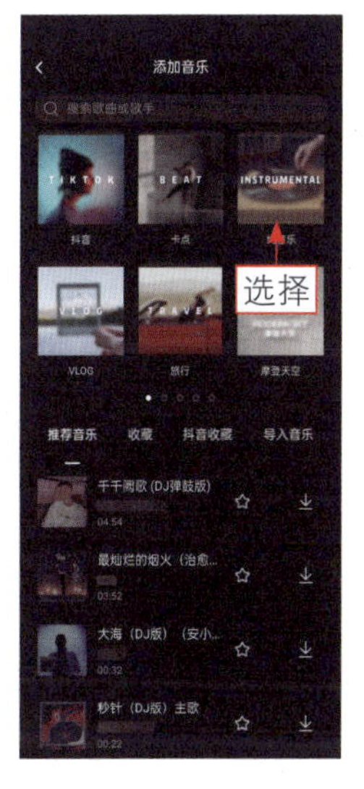

图 6-32　选择“纯音乐”选项

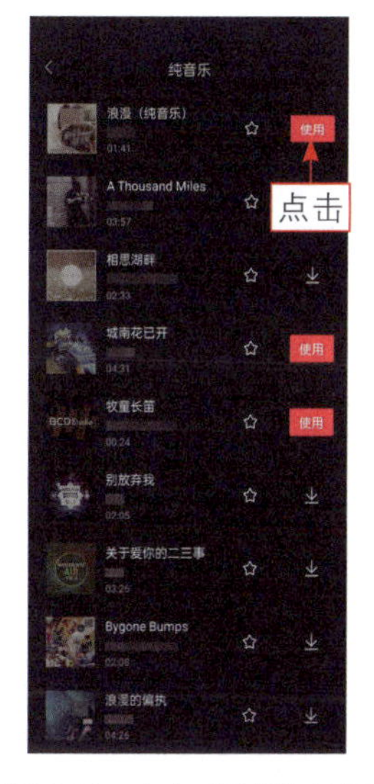

图 6-33　点击“使用”按钮

★ 专 家 提 醒 ★

如果在“纯音乐”界面中，你想添加的歌曲右侧没有“使用”按钮，只有⤓按钮，这是由于你还没有下载这首歌曲，此时要先点击⬇按钮进行下载，下载完成后歌曲右侧才会出现“使用”按钮。

步骤 05 执行操作后，即可为视频添加背景音乐，不过由于添加的音乐时长过长，因此还需要剪辑音频时长，使其与视频时长保持一致。❶拖曳时间轴至视频结束位置；❷选择音频；❸点击“分割”按钮，如图6-34所示。

步骤 06 点击“删除”按钮，如图6-35所示，即可删除多余的音频片段。

步骤 07 点击界面右上方的“导出”按钮，如图 6-36 所示。

步骤 08 执行操作后，即可开始导出视频，并显示导出进度，如图 6-37 所示。

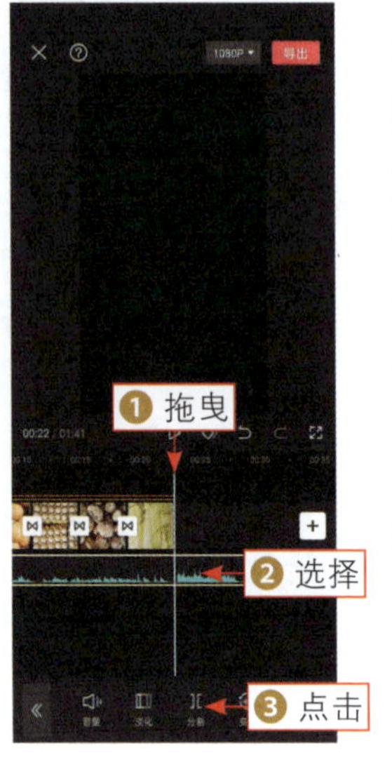

图 6-34　点击“分割”按钮

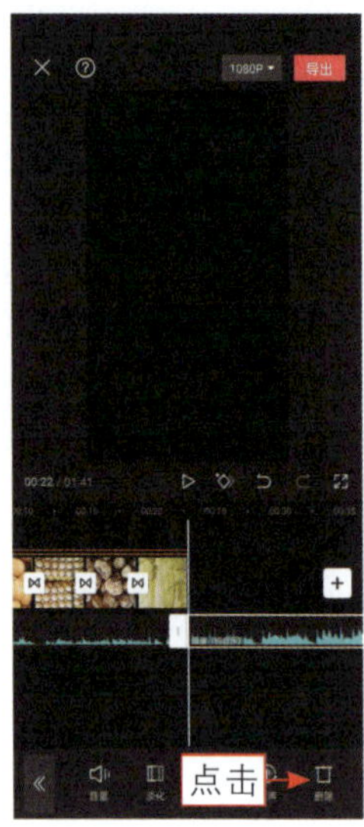

图 6-35　点击“删除”按钮

图 6-36　点击“导出”按钮

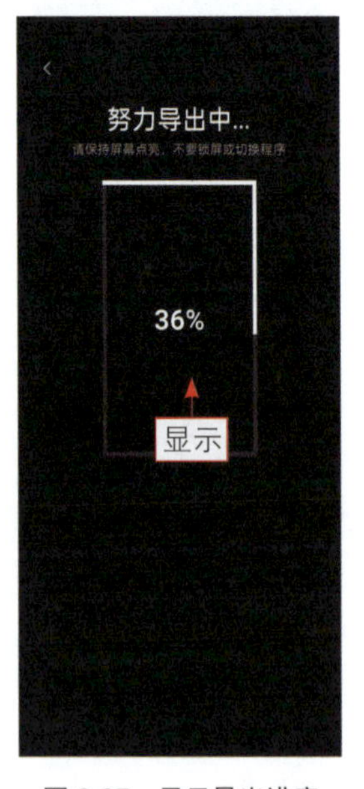

图 6-37　显示导出进度

6.3　7 个带货技巧，提升农产品销量

现在有很多用户开始通过短视频挑选农产品，所以很多运营者开始通过发布短视频进行带货，并以此获得一定的收益。那么，如何利用短视频进行带货呢？这一节，笔者将重点介绍 7 种短视频带货技巧，帮助大家有效地提升带货农产品的销量。

6.3.1　技巧 1：刺激需求

一款农产品要想获得较为可观的销量，必须刺激用户的需求，让用户在看到农产品的价值之后，愿意花钱进行购买。一些整体差不多的产品，在不同店铺中的销量却出现比较大的差异，这是为什么呢？当然，这可能与店铺的粉丝量有一定的关系，那么有的店铺粉丝量差距不大，产品销量差异却比较大，这又是什么原因呢？

其实，除了店铺自身的粉丝量，一款农产品的销量还会在很大程度上受到店铺宣传推广的影响。如果运营者能够在短视频中刺激目标用户的需求，农产品的销量自然会更有保障。

那么，怎么刺激目标用户的需求呢？笔者认为关键就在于通过短视频的展示，让用户看到农产品的用处，让用户觉得这款农产品确实是值得购买的。

例如，某农产品带货短视频中，运营者通过煎、炒、蒸等各种方式对农产品进行展示。

6.3.2　技巧 2：异性相吸

男性和女性看待同一个问题的角度有时候会有一些差异，可能某一产品对男性来说并没有多大的吸引力，但是却能让女性尖叫。而善用异性相吸的原则，则可以在增强内容针对性的同时，提高产品对目标用户的吸引力。

短视频中异性相吸原则的使用，通常就是采取真人出镜的形式，用短视频中高颜值的帅哥或美女来吸引异性用户的关注。采用这种方式拍摄的带货短视频，能获得不错的流量，但是如果短视频中的产品自身的吸引力不够，销量可能还是难以得到保障的。

其实，在笔者看来，除了上面这种方式，还有另一种异性相吸，那就是让用户购买异性可能会用到的产品。让用户看到该产品对于异性的价值，从

而让用户愿意将产品作为礼物送给异性。

这种异性相吸原则的使用，关键就在于让用户看到产品对异性的价值，以及异性在收到礼物之后的反应。如果用户觉得产品对异性朋友来说很有用处，或者送出该产品能暖到异性的心，那么用户自然愿意购买产品。

图 6-38 所示为某带货短视频的相关画面，可以看到该视频就是利用了异性相吸原则，将农产品打造成男性送给女朋友的优质礼物来促进农产品销售的。

图 6-38　利用异性相吸原则拍摄的短视频

6.3.3　技巧 3：精准推广

虽然目标用户基数越大，接收信息的人数可能就会越多，但这并不代表获得的营销效果就一定会越好。

为什么这么说呢？这其实很好理解，因为购买农产品的只是那些对农产品有需求的用户群体，如果运营者没有针对有需求的用户群体进行精准的营销，而是花大量的时间进行广泛宣传，那么很可能就会因为对核心用户群体把握不准而难以达到预期的带货效果。

在笔者看来，与其将农产品进行广泛宣传，一味地扩大农产品的用户群体，倒不如对农产品进行分析，找出核心用户群体，然后针对核心用户群体进行带货。这样不仅能增强营销的针对性，还能让核心用户群体一眼就看到农产品对自己的用处。

图 6-39 所示为某带货短视频的相关画面，可以看到该短视频就是通过点出核心用户群体的方式，针对性地为喜欢吃“粉面苹果”的用户推荐农产品，从而拉动农产品的销量。

图 6-40 所示的带货短视频即有针对性地把喜欢吃“无籽”葡萄的用户作为核心用户群体，对其进行精准推广，提高了目标用户的购买率。

图 6-39　点出核心用户群体的短视频（1）

图 6-40　点出核心用户群体的短视频（2）

6.3.4 技巧 4：软性植入

在线上平台上，很多人仅用一个“神秘”包裹，就能轻松拍出一条爆款带货短视频。下面笔者总结了一些开箱测评类短视频的拍摄技巧，如图 6-41 所示。

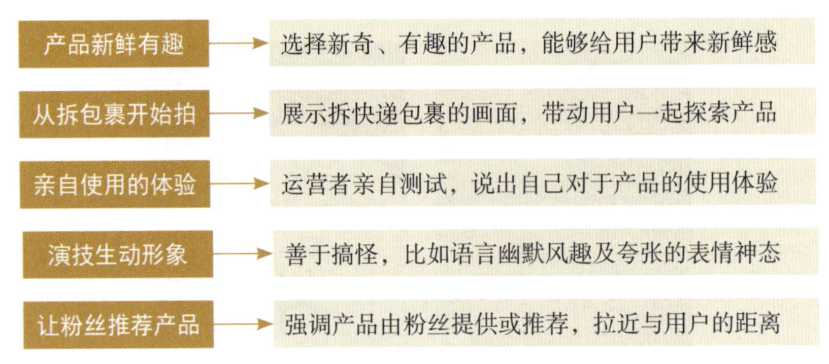

图 6-41　开箱测评类短视频的拍摄技巧

图 6-42 所示为枇杷开箱测评类短视频，该短视频便是通过运营者亲自体验农产品，展示自己的使用体验，来引导用户下单进行购买的。

图 6-42　枇杷开箱测评类短视频

6.3.5 技巧 5：做好预热

在农产品还未正式上线时，许多运营者都会先通过预售种草，提高目标用户群体的关注度。以抖音平台为例，运营者可以通过两种预售种草形式促进农产品的推广。

短视频主要由画面和声音两个部分组成，运营者可以针对这两个部分进行预售种草。画面部分：可以让预售的相关文字出现在画面中，如图 6-43 所示；声音部分：可以通过口播的方式向用户传达农产品预售信息，增强农产品对用户的吸引力。

图 6-43　通过文字进行预售种草

用户都是趋利的，许多用户为了买到更便宜的产品都会货比三家。所以，当运营者在抖音中发布预售信息时，用户如果想购买产品，很可能会对产品的价值进行评估。此时，运营者如果在预售中给出一定的折扣，用户就会觉得产品价格已经便宜了不少，产品更值得购买了。

图 6-44 所示为抖音预售产品的短视频案例。该短视频在文案中点明了“预售前的福利不容错

图 6-44　抖音预售产品的短视频案例

过、优惠多多”，而当用户看到这个视频时，自然会认为此时下手购买是比较划算的。

6.3.6 技巧 6：对比同款

有一句话说得好：“没有对比，就没有差距。”如果运营者能够将同款产品（或者相同功效的产品）进行对比，那么用户就能直观地把握产品之间的差距，看到你的产品的优势。

当然，有的运营者可能觉得将自己的产品和他人的产品进行对比，有踩低他人产品的意味，有可能得罪人。此时，其实还可以转换一下思路，用自己的新款产品和旧款产品进行对比。这不仅可以让新款和旧款都得到展示，而且只要表达得当，新款和旧款的优势都可以得到展示。

图 6-45 所示为抖音新老农产品对比的短视频案例。该运营者是位橄榄卖家，他将去年的老橄榄和今年的新鲜橄榄做对比，得出“老橄榄价格也不低，煲汤最好选择今年的新橄榄”的结论。

图 6-45　抖音新老农产品对比的短视频案例

6.3.7 技巧 7：拍出“快乐”

在各大线上平台，用娱乐思维创作农产品短视频成为一种新型潮流，这样的短视频脑洞大开，创意无限，引得屏幕前观看短视频的用户哈哈大笑，获得了许多用户的点赞和关注，也推动了带货农产品的销量。究其原因在于一句话，即快乐产生购买。

一个令人快乐的短视频往往会获得更高的关注和用户自发的推广。如果拍出来的短视频让人心情愉悦，用户自然而然就会选择关注你和推广你，同样也会关注视频中的产品。此时，“快乐”作为一种附加值，潜移默化地提升了用户对你的信任度，于是，在同类产品中，用户更有可能选择购买他们更信任的账号所推荐的产品，而这将会大大提升产品的销量，并且有可能使这些用户成为你的粉丝。

那么，要怎样才能让短视频拍出“快乐”呢？答案是在短视频中加入能产生快乐的创意。能产生快乐的创意并非“无源之水，无本之木”，而是往往藏在细节之中，需要运营者用心去发现，如此才能找到更多有关“快乐”的线索。

如何找到农产品短视频的快乐创意？答案是需要关注农产品相关的细节。例如，可以从农产品的生产场地、生产环境、加工和销售等环节中寻找。也要挥自己的想象力，例如把农产品带货短视频做成搞笑段子，在逗笑用户的同时加深用户对带货产品的印象。

1. 农村搞笑段子

人生如戏，全靠演技。如果你有创意、有演技，则可以在农产品这个巨大的舞台上尽情创作和演戏，演出快乐，吸引注意，获得用户关注，将流量引入农产品基地和生产产地。其中，拍摄农村搞笑段子就是一个不错的方式。

图 6-46 所示为抖音某搞笑类账号发布的短视频。该运营者致力于创作农村搞笑段子视频，在这些视频中隐形地推销家乡农产品，为自己带来上百万粉丝和关注的同时，也促进了家乡农产品的销售。

图 6-46　抖音某搞笑类账号发布的短视频

2. 娱乐化的销售环节

销售环节与产品的销量息息相关，它将直接影响产品的购买率，因此需要用心策划产品的销售环节。而想要拍出“快乐”的短视频，则可以从销售环节下手，把销售环节娱乐化，吸引更多的流量和关注度。

图 6-47 所示为抖音某搞笑短视频。该运营者为了帮助家乡销售农产品，与自己的伙伴组成了“乡村四宝”。四人在农村田地里一本正经地进行田地走秀，独具一格的服装和走动姿势都极度引人发笑。因此，视频一经发布，全网爆红，获得了大量的关注和流量，同时也拉动了农产品的销量，成交量从每月的两千单迅速上升至每月 3 万单。

图 6-47　抖音某搞笑短视频

3. 夸张化的生产环节

从生产环节可以直接看到农产品的质量，运营者可以在短视频中拍摄出农产品的生产环节。这不仅体现了农产品的质量，也获得了用户的信任。而夸张搞笑的生产环节更能获得用户的关注，用户在心情愉悦的同时又看到了产品的质量，有需求的用户自然而然就会选择下单购买。

图 6-48 所示为把生产环节夸张化的短视频。该短视频的运营者是延安的一个“新农人”，拍摄了上百条有关自家农产品的短视频，其中不少短视频把农产品生产环节展现出来，让用户在快乐之余也了解了农产品的生产环境、生产过程等，促进了农产品的销售。

图 6-48　生产环节夸张化的短视频

4. 添加家乡色彩

运营者可以在短视频中添加一些家乡色彩，例如家乡故事、家乡话等，可以产生出其不意的效果。例如，最近比较火的家乡话卖农产品，听不懂的用户会觉得有趣搞笑，因此给用户带来了不少欢乐，图 6-49 所示为加入家乡话的短视频。

图 6-49　加入家乡话的短视频

第 7 章

How：怎么卖呢？现场直播卖货

主播直播是为了卖货，而为了将产品卖出去，主播首先要掌握如何创建直播间、如何预热、如何营造良好的直播氛围等技巧。本章将详细介绍主播在直播带货过程中需要掌握的一些方法和技巧。

7.1　4 大直播操作，掌握开播技巧

随着直播的兴起，不少主播依托电商平台进行农产品直播销售，例如抖音、拼多多等。抖音和拼多多作为当下的热门平台，聚集了不少达人主播。如今，有越来越多的用户习惯于通过直播进行购物，直播将成为未来电商消费的重要场景与渠道。

本节以抖音 App 为例，介绍直播间开播技巧和售卖商品的操作方法，帮助大家快速掌握直播带货的相关操作技巧。

7.1.1　操作 1：创建直播间

抖音针对年满 18 周岁并完成实名认证的用户提供了直播功能，下面介绍创建抖音带货直播间的操作方法。

步骤 01 打开抖音App，点击底部的⊞按钮，如图7-1所示。

步骤 02 进入“快拍”界面，点击右下角的“开直播”按钮，如图7-2所示。

图 7-1　点击相应的按钮

图 7-2　点击“开直播”按钮

步骤 03 执行操作后，即可进入“开直播”界面，如图7-3所示，主播可以在此完善直播信息，包括封面、标题、直播内容和话题等。直播封面要与直播内容贴合，也可以使用主播的真人照片，这样能够有效促进用户进入直播间。直播标题要能够反映直播内容，增加对用户的吸引力。另外，添加与直播间适配的话

题，能够获得更多精准的流量曝光。

步骤04 例如，❶点击“选择直播内容”按钮；❷在弹出的“选择直播内容”面板中可以搜索相应的直播内容形式，如图7-4所示，这样有助于获得更多兴趣相投的用户。完成直播间的信息设置后，点击“开始视频直播”按钮，即可创建直播间。

图7-3 进入“开直播”界面

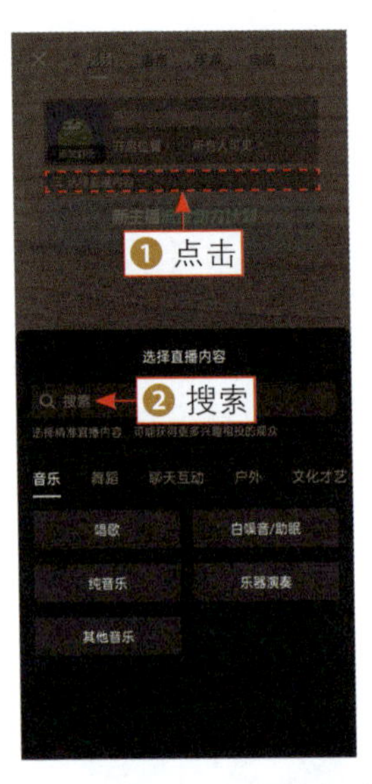

图7-4 选择相应的直播内容形式

7.1.2 操作2：添加带货商品

主播可以先添加商品再开播，在“开直播”界面中，点击“商品”按钮进入“添加商品”界面，如图7-5所示，可以在“我的橱窗”“我的小店”“专属商品”列表中选择相应的商品，点击“添加”按钮即可将其添加到直播间购物车列表中。

★专家提醒★

“我的小店”渠道适用于与店铺有绑定关系的抖音号，可以直接添加对应店铺内的商品到直播间。另外，主播还可以通过粘贴商品链接的方式，将其他商家提供的商品添加到自己的直播间。

图7-5 “添加商品”界面

如果主播选择在创建直播间后再添加商品，

可以在开播界面点击购物车图标，然后再点击“添加直播商品”按钮，即可进入“添加商品”界面。

另外，主播也可以在PC端后台添加直播商品。进入巨量百应平台首页，❶切换至“直播管理”页面；❷在左侧导航栏中选择“直播中控台”选项；❸在右侧窗口中单击“添加商品”按钮，如图7-6所示。

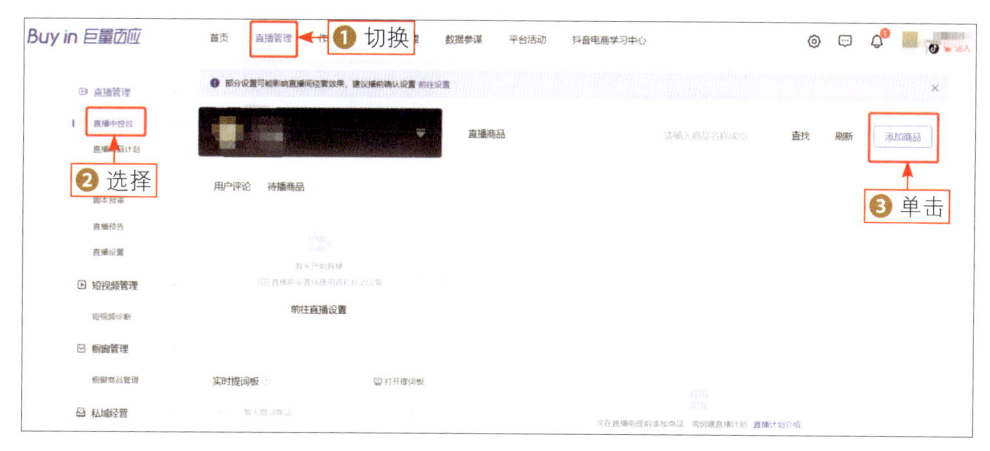

图 7-6　单击“添加商品”按钮

执行操作后，弹出“添加商品”窗口，如图 7-7 所示，主播可以在“选择商品”列表中通过橱窗、店铺、定向商品或专属商品等方式添加商品，也可以通过粘贴商品链接的方式添加商品。

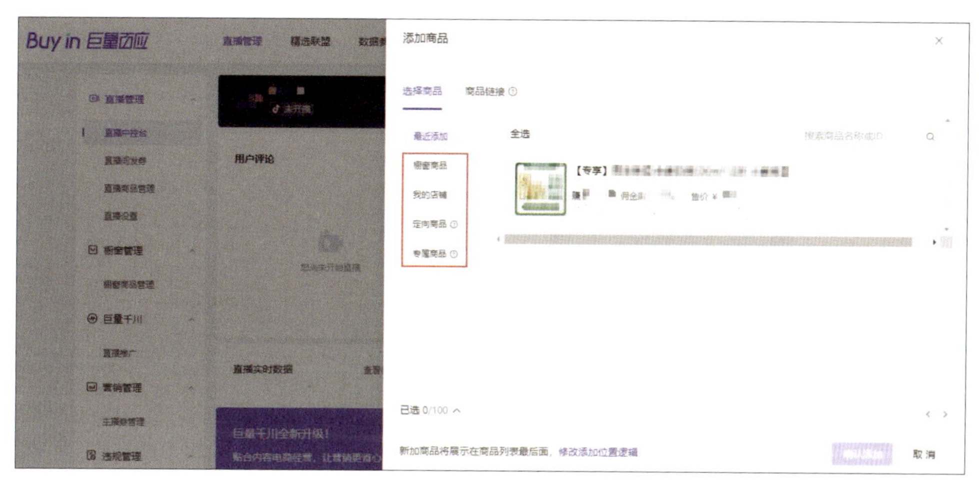

图 7-7　“添加商品”窗口

7.1.3 操作 3：设置商品卖点

在直播间添加商品后，主播可以给商品设置内容易懂且有吸引力的卖点信息，这样不仅可以让商品更好地与用户进行“交流”，而且还能够有效引导用户转化。图 7-8 所示为直播间的购物车列表中展示的商品卖点。

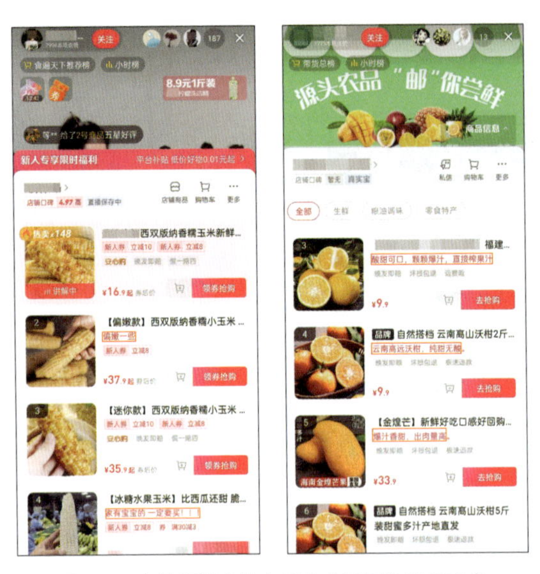

图 7-8 直播间的购物车列表中展示的商品卖点

主播也可以在 PC 端后台进行设置。进入巨量百应平台的“直播中控台”页面，❶ 单击相应直播商品中的“设置卖点”右侧的✎图标，弹出“设置商品卖点”对话框；❷ 在文本框中可以输入 15 个字以内的商品卖点，如图 7-9 所示。

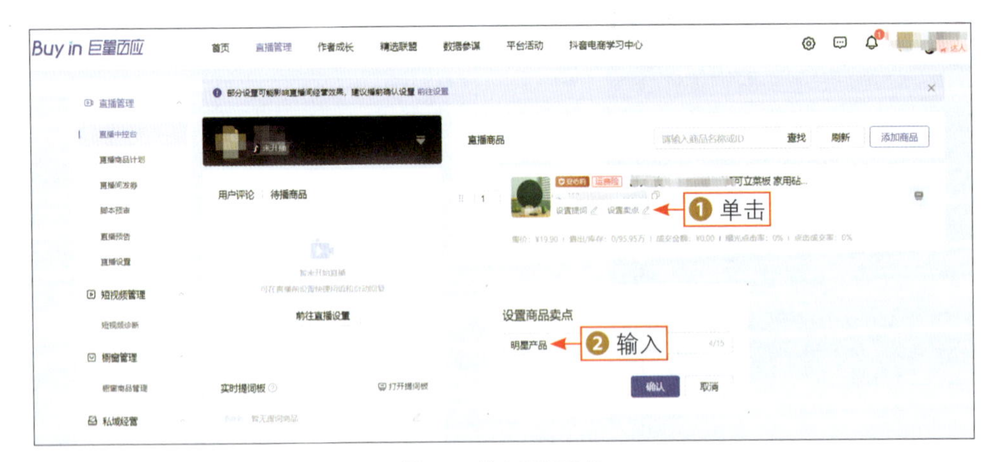

图 7-9 输入商品卖点

在“直播商品”列表中，按住商品卡片前方的⠿图标并上下拖曳，即可调整商品的排列顺序。主播也可以通过修改商品序号的方式，快速将商品移动到指定位置。将鼠标指针移至相应的商品卡片上，单击右上角的×图标，即可在直播间删除该商品。

7.1.4　操作 4：设置商品讲解卡

主播在开播过程中，点击购物车图标，在弹出的“直播商品”对话框中点击“讲解”按钮，如图 7-10 所示。主播设置商品讲解卡后，即可在用户端看到“讲解中”的标签提示，了解主播当前在介绍哪个商品，如图 7-11 所示。

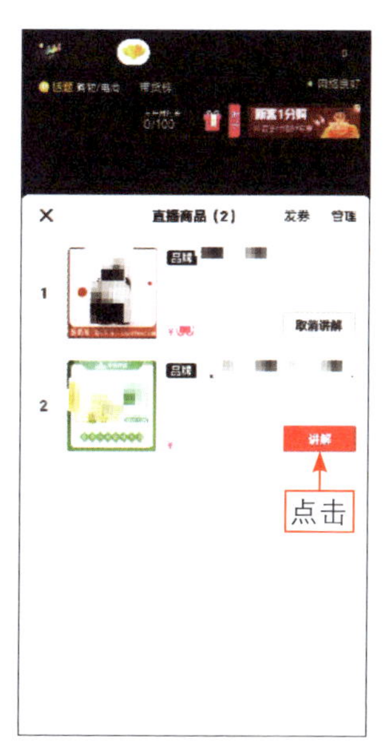

图 7-10　点击“讲解”按钮

图 7-11　商品讲解卡展示效果

商品讲解卡展现一段时间后便会自动消失，此时主播可以再次点击“讲解”按钮，显示商品讲解卡。当商品讲解完毕后，主播可以点击“取消讲解”按钮，关闭商品讲解卡功能。

另外，主播也可以进入巨量百应平台的“直播中控台”页面，单击相应直播商品卡片右侧的“讲解”按钮，如图 7-12 所示，即可在用户端展示商品讲解卡。

图 7-12　单击“讲解”按钮

7.2　3 个直播方法，助直播间人气翻一番

预热和好的内容是直播带货的关键，各大平台以及运营者都应该注意到它的重要性。因此，笔者在本节介绍有关直播预热和创作优质直播内容的方法。

7.2.1　方法 1：预热

在直播之前进行预热，是很多主播都会做的事情，一方面可以告诉一直关注的粉丝自己开播的时间和内容，另一方面预热视频可以帮助主播获得更多的关注，吸引更多的新粉丝进入直播间。

预热就是通过告诉粉丝下一次农产品直播的内容，从而吸引有兴趣的人进入直播间观看，因此直播预热很重要，关系到粉丝是否愿意进入直播间观看。下面介绍几种直播预热的语言模板。

1. 直接式

直接式就是主播在短视频中预热的时候或者上一场直播中预热时，直接将下一场直播的时间、平台以及主要内容全部告诉直播间的观众。其优点在于可以让观众一目了然地知道下一场直播的情况，但是其缺点在于将下一场的直播信息全部说出来了，没有悬念，不足以吸引观众。

例如：“今天的直播将要结束了，感谢大家的支持，明天将给大家带来

××、×× 产品，同一时间我还在这里等着大家哦！”

2. 设置悬念式

在直播预热时，适当地给观众制造一些悬念，让他们念念不忘，才能激发观众进入下一场直播的兴趣。

例如：“有人说橙子是维 C 之王，也有人说猕猴桃是维 C 之王，到底哪个是真正的维 C 之王呢？下一次在直播间我为你们揭秘。”

3. 抛出亮点式

有亮点才能吸引观众，在做预热时必须表现出直播策划的亮点，只有充分包装直播间才能吸引用户。在做农产品带货直播预热时，产品的卖点和优惠活动都会成为亮点，预热时可以描述直播间的优惠活动以吸引观众。

例如：“红心柚味甜多汁，果肉饱满，现摘现发，直播间还有限时秒杀活动，低价促销。”

7.2.2　方法 2：实时展现

直播的好处就在于带给观众的不仅仅是图片或者已拍摄好的视频，直播是将农产品的情况实时地展现给观众，这样也就能让观众更加真实地了解到农产品的实际情况，从而刺激观众的下单欲望。

1. 演绎农产品使用或者食用的场景

推荐化妆品时，主播可以直接在直播间化妆来展示化妆品的效果；推荐衣服时，主播也可以在直播间穿上要推荐的衣服；对于农产品，也可以在直播间内现场演绎使用或者食用的场景。相对于化妆品和衣服，农产品的使用场景更能吸引用户，激发用户的下单欲望。

说再多都不如现场给用户看，毕竟耳听为虚，眼见为实，将农产品的使用情况实时直播给用户，一方面可以将产品的实际情况真实地展现出来，让用户信服，另一方面通过演绎其使用场景，也可以刺激用户的购买欲望。

图 7-13 所示为销售茶叶的直播间。通过泡茶的一系列过程，可以展现茶叶的优劣，同时还可以吸引用户的注意力，因此主播可以通过展示泡茶的过程来吸引用户下单。

图 7-14 所示为销售山东烟薯的直播间。在直播间内，主播将烤好的烟薯直接在直播间内品尝，吸引用户，甚至在直播间的弹幕中有喜欢的用户评论说“为主播点赞了”，可见主播已经成功地吸引了观众。

图 7-13　销售茶叶的直播间

图 7-15 所示为销售海蜇皮丝的直播间。主播将直播的产品做成一道道菜，直接在直播间内品尝，生活化的场景让用户觉得更舒服，同时看着色香味俱全的菜，用户也会忍不住下单。

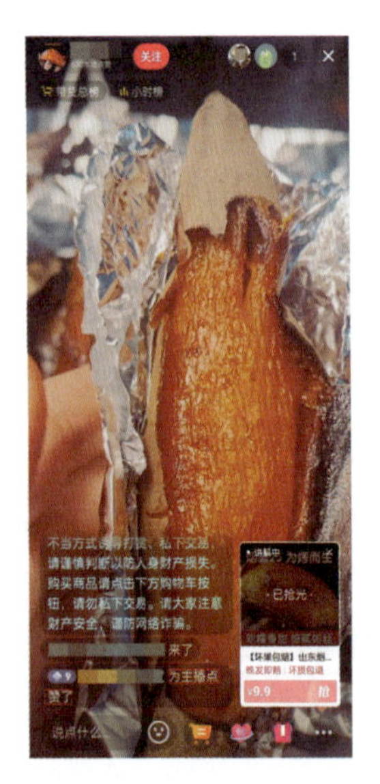

图 7-14　销售山东烟薯的直播间

图 7-15　销售海蜇皮丝的直播间

2. 用农产品烹饪美食

美食的诱惑很难抵挡住，在直播间烹饪美食时，哪怕主播全程不说话，只是单纯地烹饪美食，也会让用户在直播间中有一种想要品尝的冲动，从而抵挡不住诱惑马上下单。图 7-16 所示的直播间采用了烹饪美食的方式来推荐农产品。在烹饪的时候，主播不需要多说什么，用户看到烹饪出来的美食就会产生购买的欲望。

图 7-16　烹饪美食的直播间

7.2.3　方法 3：发放红包或者优惠券

优惠券是主播最常用的营销和互动工具，不仅可以提升用户观看直播和发表评论的积极性，而且还能够快速提升直播间的转化率和销售额，是主播打造爆款的“不二法宝”。

1. 直播专享券：迅速提升单品的销量

直播专享券只针对单个商品优惠，而且只能在直播间领取，最多授权 10 个直播间，用户可以无条件领券，能够刺激用户及时在直播间下单。直播专享券非常适合为单品进行引流，能够迅速提升单品的销量。

下面以拼多多的直播间为例，介绍创建直播专享券的具体操作方法。

步骤 01 打开拼多多商家版App，进入“店铺”界面，在“常用应用”选项区中点击“优惠券”按钮，如图7-17所示。

步骤 02 进入“优惠券管理”界面，点击“添加”按钮，如图7-18所示。

图 7-17　点击“优惠券”按钮

图 7-18　点击“添加”按钮

步骤 03 进入“优惠券类型”界面，选中“直播券”单选按钮，如图7-19所示。

步骤 04 执行操作后，进入“添加优惠券”界面，选中“直播专享券”单选按钮，如图7-20所示。

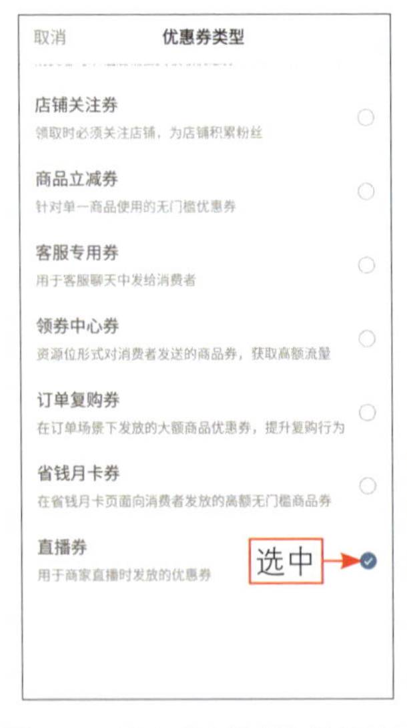

图 7-19　选中“直播券”单选按钮

图 7-20　选中“直播专享券”单选按钮

步骤 05 ❶选择相应的直播商品；❷并设置“券的面额”“发行张数”“每人限领”“有效时长”“开始时间”“结束时间”等选项；❸点击“确认添加”

按钮，如图7-21所示。

步骤 06 弹出信息提示框，点击“允许”按钮，如图7-22所示。

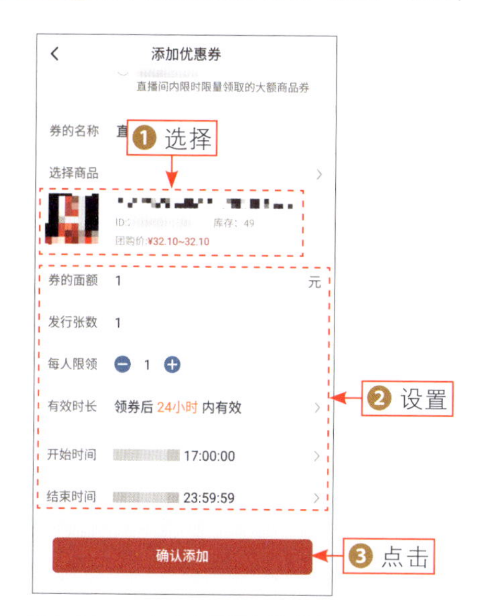

图 7-21 点击“确认添加”按钮

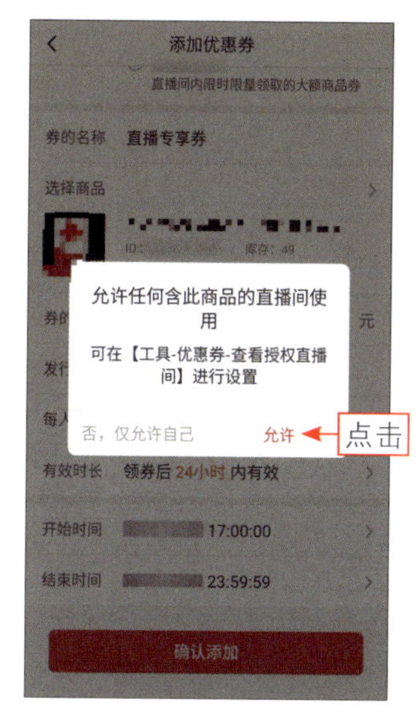

图 7-22 点击“允许”按钮

步骤 07 执行操作后，即可成功创建直播专项券，点击“我知道了”按钮，如图7-23所示。

步骤 08 返回“优惠券管理”界面，点击“增加张数”按钮，如图 7-24 所示。

图 7-23 点击“我知道了”按钮

图 7-24 点击“增加张数”按钮

步骤09 执行操作后，弹出“增加张数”菜单栏，在“新增发行量”文本框中输入要添加的优惠券张数，如图7-25所示。

步骤10 点击“确认增加”按钮，即可修改优惠券的剩余数量，如图7-26所示。

图7-25 输入要添加的优惠券张数

图7-26 修改优惠券的剩余数量

步骤11 主播创建直播专享券后，无须手动发放，系统会根据主播设置好的发放时间，自动展现到直播间的红盒子商品中。另外，主播也可以在直播间的红盒子中创建直播专享券。在“全部商品”列表中选择相应的商品，点击“配置专享券”按钮，设置相应的优惠券选项并确认即可，如图7-27所示。

图7-27 通过直播间红盒子配置专享券

步骤 12 用户进入直播间后，可以在红盒子中看到相应的商品上显示“直播专享××元券”，点击“领券拼单”按钮，如图7-28所示。

步骤 13 进入商品详情页，在弹出的对话框中点击“一键抢券”按钮，如图7-29所示，即可获取直播专享券。

图 7-28　点击“领券拼单”按钮

图 7-29　点击“一键抢券”按钮

2. 直播粉丝券：吸引粉丝关注及停留

直播粉丝券的面额通常都比较高，因此能够快速吸引用户关注店铺，并且长久地停留在直播间，提升店铺及直播间的人气。

★ 专家提醒 ★

直播粉丝券的主要特点如下。

（1）优惠券适用范围：只能针对单个商品优惠。

（2）领券渠道：只能在直播间领取。

（3）发放渠道：只能授权给一个直播间。

（4）优惠券面额：不低于 5 折，不高于 500 元。

（5）发放方式：主播需要主动在直播间发放优惠券，并且可以设置领取时效。

（6）领券条件：用户需要关注店铺并且分享直播间，才能够领券。

（7）优惠券有效期：主播可以自主设置直播粉丝券的有效期。

下面以拼多多的直播间为例，介绍创建直播粉丝券的具体操作方法。

步骤 01 在拼多多商家版App中，进入“添加优惠券”界面，选中“直播粉丝券”单选按钮，如图7-30所示。

步骤 02 ❶设置相应的优惠券选项，包括名称、商品、面额、发行张数以及开始结束时间等；❷点击“确认添加”按钮，如图7-31所示。

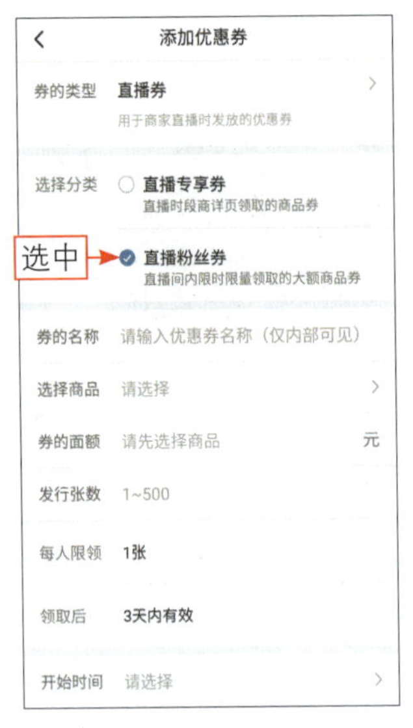

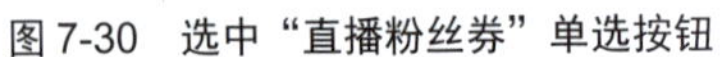
图7-30 选中“直播粉丝券”单选按钮

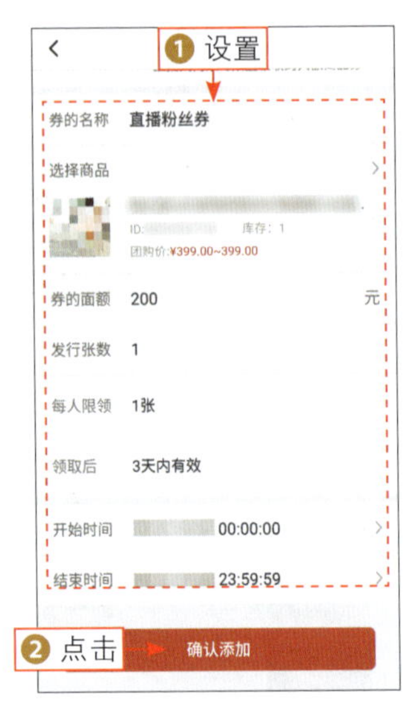

图7-31 点击“确认添加”按钮

步骤 03 执行操作后，即可成功创建直播粉丝券，如图7-32所示。

步骤 04 返回“优惠券管理”界面，即可查看创建的直播粉丝券，如图7-33所示。

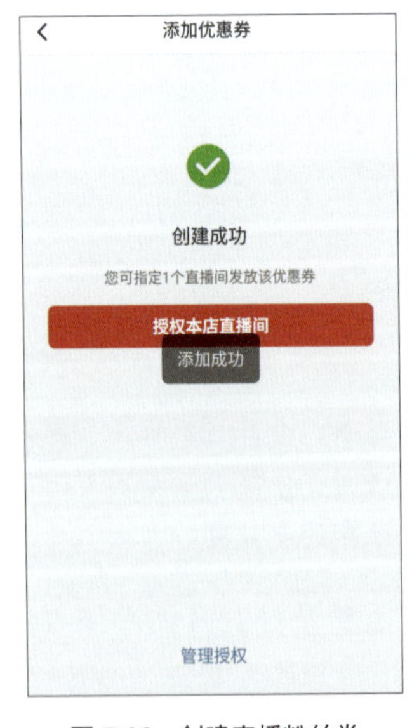

图7-32 创建直播粉丝券

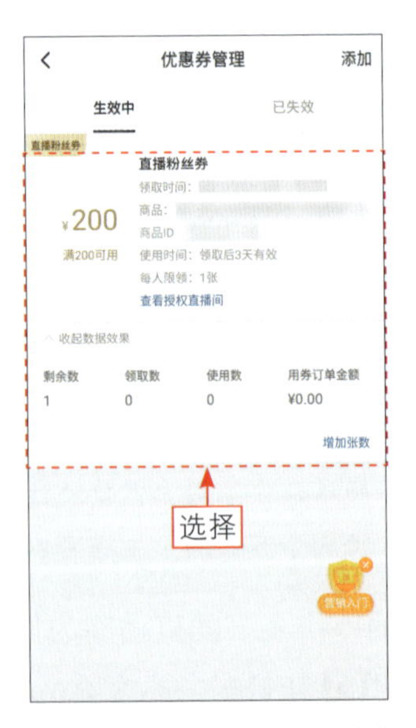

图7-33 查看创建的直播粉丝券

步骤 05 当主播开播后，可以在直播间的“营销工具”菜单中点击“粉丝券”按钮，进入“选择活动商品”界面，❶选中相应的直播商品；❷点击“确认选择”按钮，如图7-34所示。

步骤 06 进入“添加粉丝券”界面，❶设置相应的“券的面额”和“发券张数”选项；❷点击“确认发放”按钮，如图7-35所示。

图 7-34　点击“确认选择”按钮

图 7-35　点击“确认发放”按钮（1）

步骤 07 进入“粉丝券”界面，❶设置开抢时间；❷点击“确认发放”按钮，如图7-36所示。

步骤 08 弹出信息提示框，再次点击“确认发放”按钮，如图7-37所示。

图 7-36　点击“确认发放”按钮（2）

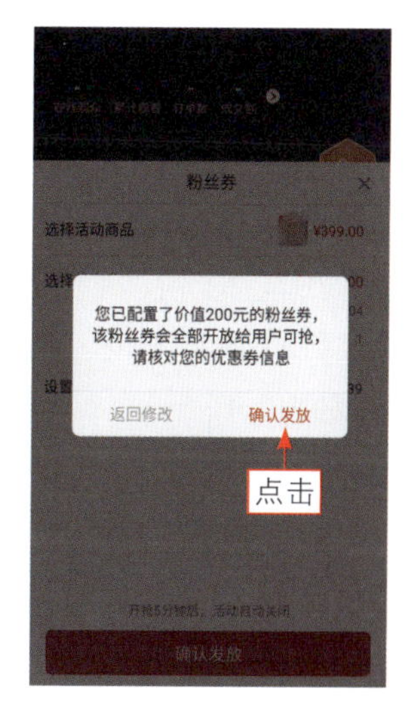

图 7-37　点击“确认发放”按钮（3）

步骤 09 返回直播界面，在右侧即可看到“粉丝券”按钮，并显示倒计时开抢的时间，点击“粉丝券”按钮，可以查看直播粉丝券详情，如图7-38所示。

步骤 10 用户进入直播间后，可以点击“粉丝券”按钮，在弹出的对话框中点击“分享到微信后立即报名”按钮，如图7-39所示。

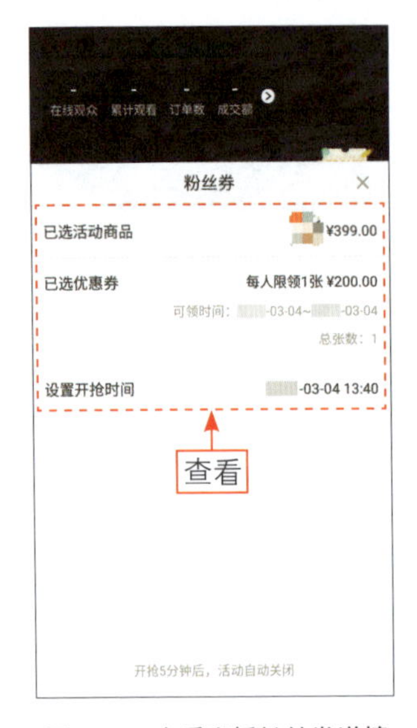

图 7-38　查看直播粉丝券详情

图 7-39　点击“分享到微信后立即报名”按钮

步骤 11 然后用户需要根据提示将直播间分享给微信好友。完成微信分享后，返回直播间，即可看到“恭喜您抢到券”的提示信息，点击“立即使用”按钮，如图7-40所示，即可用券下单。

步骤 12 如果用户暂时不想下单，在直播间右侧仍会显示“已抢到券”的提示信息，如图7-41所示，提醒观众下单购买。

如果主播要吸引用户长期关注自己的直播间，则可以策划一些长期的福利活动，提升用户留存量。

图 7-40　点击“立即使用”按钮

图 7-41　显示“已抢到券”的提示信息

主播可以在直播结束时对下次直播的时间和商品进行预热，同时提醒用户参与下次直播的优惠券活动。

另外，主播还可以给关注直播间的粉丝设置专属粉丝福利，如图 7-42 所示。这些方法不仅能够提升直播间氛围，保持老用户的黏性，同时还可以刺激新用户关注，让他们也想要参与主播的直播间粉丝活动。

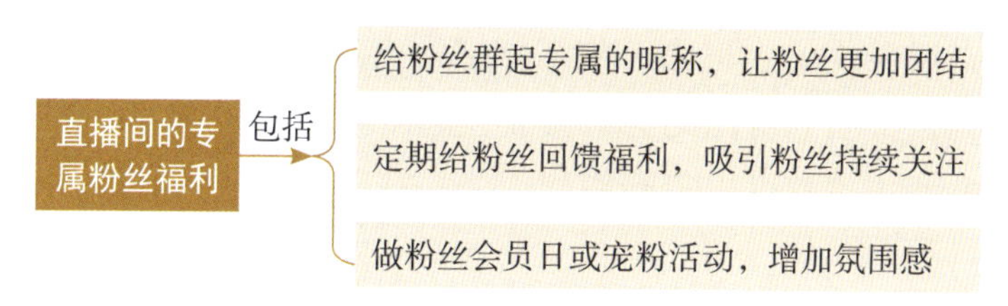

图 7-42　直播间的专属粉丝福利

3. 店铺关注券：用优惠抓住用户的心

下面以拼多多的直播间为例，介绍创建店铺关注券的具体操作方法。

在手机端创建直播间后，在“营销工具”菜单栏中点击“关注券”按钮，进入“关注券”界面，❶ 设置相应的优惠券选项，包括“券的名称”、“面额”、“发行张数”、有效期、“开始时间”与“结束时间”；❷ 点击“确认添加”按钮，即可创建店铺关注券（简称关注券），如图 7-43 所示。

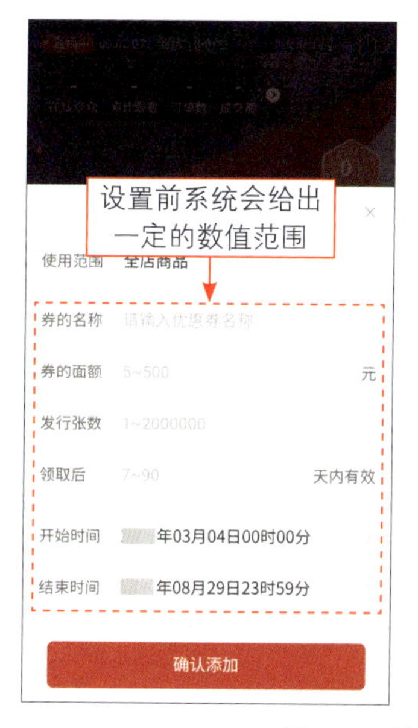

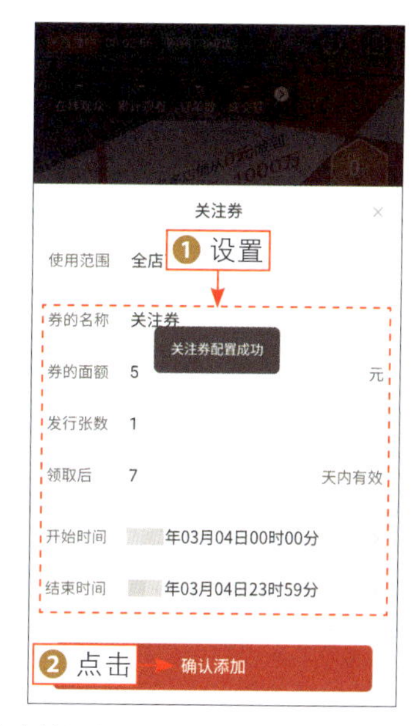

图 7-43　创建店铺关注券

在电商平台上，关注店铺的用户复购率非常高，是主播不可错过的免费流量来源。同时，当店铺或商品被用户关注后，还可以增加权重和强化标签，提升商品的点击率，为店铺带来更多潜在的成交人群。

7.3 5个销售方法，增值商业价值

主播在直播带货的过程中，除了要把农产品很好地展示给用户，还要掌握一些直播销售方法和常用的话语模板，这样才可以更好地进行产品的推销，从而让主播的商业价值可以得到增值。

7.3.1 方法1：介绍法

当主播在直播间带货时，可以用一些生动形象和有画面感的话语来介绍产品，达到劝说用户购买产品的目的。介绍法一共有3种操作方式，下面一一进行讲解。

1. 直接介绍法

直接介绍法是指主播直接向用户介绍和讲述产品的优势和特色，让用户快速了解产品的卖点。这种直播话语的最大优势就是非常节约时间，能够直接让用户了解产品的优势，省去不必要的询问过程。

例如，对于农产品，主播可以这样说：“这些产品都是自家种植的，安全无害，是我们家乡的特产。”这就是通过直接揭示农产品的优点，提出农产品的独特优势，来吸引用户购买。

2. 间接介绍法

间接介绍法是指采取向用户介绍和产品本身关系密切的其他事物，来衬托介绍产品本身。

例如，如果主播想向用户介绍水果的品质，不会直接说水果的品质有多好，而是介绍种植水果的产地，来间接表达水果的品质过硬，这就是间接介绍法。

3. 逻辑介绍法

逻辑介绍法是指主播采取逻辑推理的方式，通过层层递进的语言将产品的卖点讲出来，整个语言的前后逻辑和因果关系非常清晰，更容易让用户认同主播的观点。

例如，主播在进行香蕉带货时，可以对用户说：“用1杯奶茶的钱就可

以买到一大袋子，你肯定会喜欢。”这就是一种逻辑介绍法，表现为以理服人、顺理成章，说服力很强。

7.3.2　方法 2：赞美法

赞美法是一种常见的直播带货话语，这是因为每个人都喜欢被人称赞，喜欢得到他人的赞美。在这种赞美的情景之下，被赞美的人很容易情绪高涨愉悦，从而购买主播推荐的产品。

主播可以将产品能够为用户带来的改变说出来，告诉用户他们使用了产品后，会变得怎样，通过赞美的语言来为用户描述梦想，让用户对产品心生向往。下面介绍一些使用赞美法的相关技巧，如图 7-44 所示。

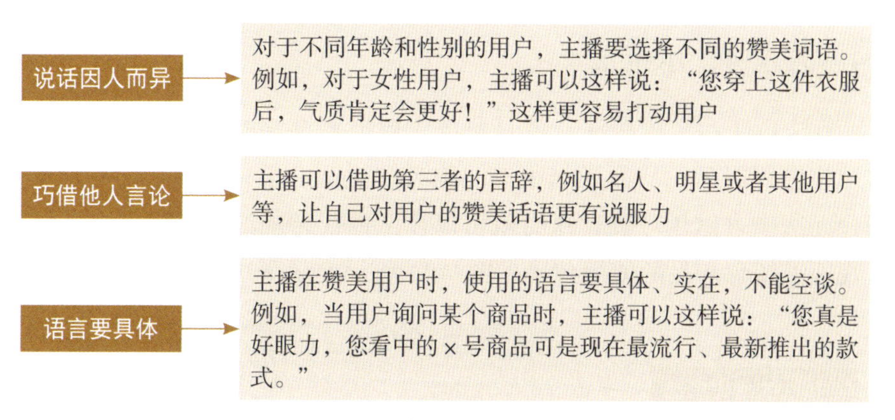

图 7-44　赞美法的相关技巧

另外，“三明治赞美法”也是赞美法里面比较被人们推崇的一种表达方式。具体做法是：首先根据对方的表现来称赞他的优点；然后再提出希望对方改变的不足之处；最后，重新肯定对方的整体表现状态。通俗的意思是：先褒奖，再说实情，再总结一个好处。

7.3.3　方法 3：强调法

强调法，也就是需要主播不断地向用户强调这款产品有多么好，多么适合他，类似于“重要的话说三遍”。

当主播想大力推荐一款产品时，就可以通过强调法来营造一种热烈的氛围，这样用户在这种氛围的引导下，会不由自主地下单。强调法通常用于在直播间催单，能够让犹豫不决的用户立刻行动起来，相关技巧如图 7-45 所示。

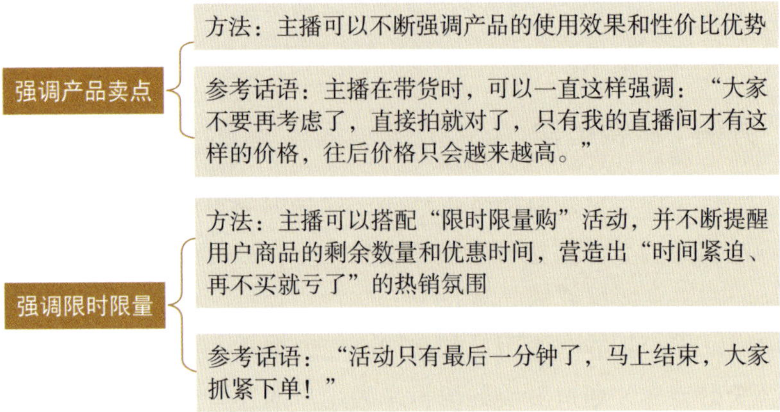

强调产品卖点
方法：主播可以不断强调产品的使用效果和性价比优势
参考话语：主播在带货时，可以一直这样强调："大家不要再考虑了，直接拍就对了，只有我的直播间才有这样的价格，往后价格只会越来越高。"
强调限时限量
方法：主播可以搭配"限时限量购"活动，并不断提醒用户商品的剩余数量和优惠时间，营造出"时间紧迫、再不买就亏了"的热销氛围
参考话语："活动只有最后一分钟了，马上结束，大家抓紧下单！"

图 7-45　强调法的相关使用技巧

7.3.4　方法 4：示范法

示范法也叫示范推销法，就是要求主播把要推销的产品，通过亲自试用来给用户进行展示，从而激起用户的购买欲望。由于直播带货的局限性，使得用户无法亲自试用产品，这时就可以让主播代替他们来试用产品，让用户更直观地了解到产品的使用效果。图 7-46 所示为示范法的操作思路。

示范法的操作思路
在直播间灵活展示自己的产品，引起用户的兴趣
善于演示和讲解直播产品，激发大量用户下单购买

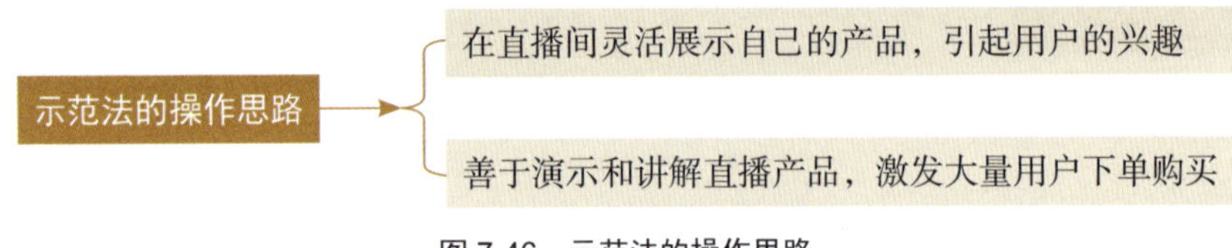

图 7-46　示范法的操作思路

示范法涉及的方法和内容较复杂，因为不管是产品陈列摆放或者当场演示，还是主播试用、试穿或试吃产品等展示方式，都可以称为示范法。示范法的主要目的就是让用户有一种亲身感受产品优势的效果，同时通过把产品的优势尽可能地全部展示出来，来吸引用户的兴趣。

7.3.5　方法 5：限时法

限时法是指主播直接告诉用户，本场直播在举行某项优惠活动，这个活动到哪天截止，在这个活动期，用户能够得到的利益是什么。此外，主播还需要提醒用户，在活动期结束后，再想购买，就要花更多的钱。

参考话语："亲，我们今天做优惠降价活动，今天就是最后一天了，您

还不考虑入手一件吗？过了今天，就会恢复原价，和现在的价位相比，足足多了几百元的呢！如果您想购买这款产品的话，必须尽快下单哦，机不可失，时不再来。”

当主播在直播间向用户推荐产品时，可以积极运用限时法，给他们造成紧迫感，也可以通过直播界面的公告牌和悬浮图片素材中的文案来提醒用户。使用限时法催单时，主播还需要给直播商品开启“限时限量购”活动，这是一种通过对折扣促销的产品货量和销售时间进行限定，来实现“饥饿营销”的目的，可以快速地提升店铺人气和 GMV。

7.4　4 个语言技巧，营造带货氛围

直播间作为一种卖货的空间，主播要通过自己的言行在整个环境中营造出紧张的氛围，给用户带来时间压力，刺激他们在直播间里下单。

另外，主播在直播带货时，必须时刻保持高昂的精神状态，将直播当成是现场演出，这样用户也会更有沉浸感。本节将介绍一些营造直播带货氛围的相关话语技巧，帮助主播更好地引导用户下单。

7.4.1　技巧 1：开场打招呼

主播在开场时要记得跟用户打招呼，下面是一些常用的模板。

（1）“大家好，主播是新人，刚做直播不久，如果有哪些地方做得不够好，希望大家多包容，谢谢大家的支持。”

（2）“我是 ××，将在直播间给大家分享 ××××，而且还会每天给大家带来不同的惊喜哟，感谢大家捧场！”

（3）“欢迎新的宝宝们来到 ×× 的直播间，支持我就加个关注吧！”

（4）“欢迎 ×× 进入我的直播间，×× 产品现在下单有巨大优惠哦，千万不要错过了哟！”

（5）“×× 产品的秒杀活动还剩下最后 10 分钟，进来的朋友们快下单！错过了这波福利，可能要等明年这个时候了哦！”

如果进入直播间的人比较少，此时主播还可以念出每个人的名字，下面是一些常用的打招呼模板。

（1）“欢迎 ××× 来到我的直播间。”

（2）“嗨，××× 你好！”

（3）“哎，我们家 ××× 来了。”

（4）“又看到一个老朋友，×××。”

当用户听到主播念到自己的名字时，通常会有一种亲切感，这样用户关注主播和下单购物的可能性也会更大。另外，主播也可以发动一些老粉丝去直播间跟自己聊天，带动其他用户评论互动的节奏。

7.4.2 技巧 2：给予时间压力

有很多人做过相关的心理学实验，都发现了一个共同的特点，那就是“时间压力”的作用。

（1）在用数量性信息来营造超高的时间压力环境时，用户很容易产生冲动的购买行为。

（2）在用内容性信息来营造较低的时间压力环境时，用户在购物时则会变得更加理性。

主播在直播带货时也可以利用“时间压力”原理，通过自己的语言营造出紧张状态和从众心理，来降低用户的注意力，同时让他们产生压力，忍不住抢着下单。

下面介绍一些能够增加“时间压力”的话语模板。

（1）参考模板：“6 号产品赶紧拍，主播之前已经卖了 10 万件！”

分析：用销量数据来说明该产品是爆款，同时也能辅助证明产品质量的可靠性，从而暗示用户该产品很好，值得购买。

（2）参考模板：“×× 产品还有最后 5 分钟就恢复原价了，还没有抢到的朋友要抓紧下单了！”

分析：用倒计时来制造产品优惠的紧迫感和稀缺感，让用户产生“自己现在不在直播间下单，就再也遇不到这么实惠的价格”的想法。

（3）参考模板：“×× 产品主播自己一直在用，现在已经用了 3 个月了，效果真的非常棒！”

分析：主播通过自己的使用经历，为产品做担保，让用户对产品产生信任感，激发他们的购买欲望。需要注意的是，同类型的产品不能都这样说，否则就显得太假了，容易被用户看穿。

（4）参考模板：“这次直播间的优惠力度真的非常大，原产地直销，全场批发价格，宝宝们可以多拍几件，价格非常划算，下次就没有这个价了。”

分析：主播通过反复强调优惠力度，同时抛出“原产地直销”和“批发价格”等字眼，会让用户觉得“商家已经没有利润可言，这是历史最低价”，吸引他们大量下单，从而提高客单价。

（5）参考模板：“直播间的宝宝们注意了，×× 产品的库存只有最后 100 件了，抢完就没有了哦，现在拍能省 ×× 元，还赠送一个价值 ×× 元的小礼品，喜欢的宝宝直接拍。”

分析：主播通过产品的库存数据，来暗示用户这个产品很抢手，同时还利用附赠礼品的方式，来超出用户的预期价值，达到更好的催单效果。

（6）参考模板：“×× 产品在店铺的日常价是 ×× 元，去外面买会更贵，一般要 ×× 元，现在在直播间下单只需 ×× 元，所以主播在这里相当于给大家直接打了 5 折，价格非常划算了。”

分析：主播通过多方对比产品的价格，来突出直播间的实惠，让用户放弃去其他地方比价的想法，从而在自己的直播间下单。

7.4.3　技巧 3：进行暖场互动

在直播间中，主播也需要和用户进行你来我往的频繁互动，这样才能营造出更火热的直播氛围。

因此，主播可以利用一些互动话语和话题，吸引用户深度参与到直播中，相关技巧如图 7-47 所示。

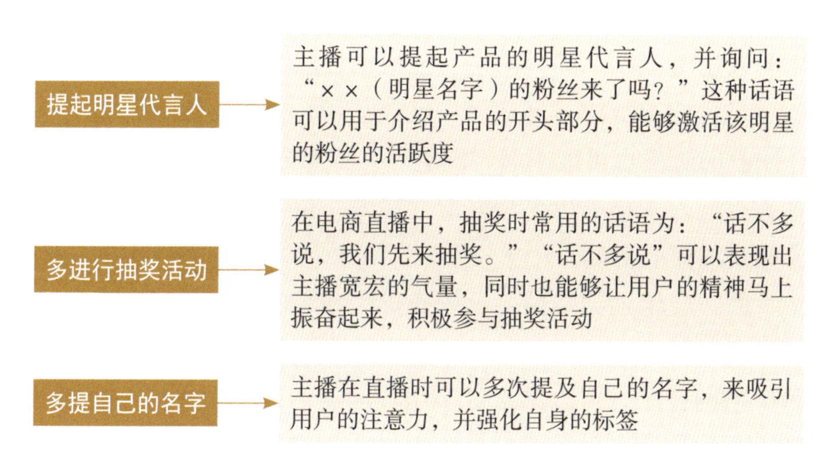

图 7-47　吸引用户参与直播的相关技巧

7.4.4 技巧 4：回复观众提问

许多用户之所以会对主播进行评论，主要就是因为他对产品或直播中的相关内容有疑问。针对这一点，主播在策划直播脚本时，应尽可能地选择一些能够引起用户讨论的内容。这样的直播自然会有用户感兴趣的点，而且用户参与评论的积极性也会更高一些。

当用户对主播进行提问时,主播一定要积极做好回复,这不仅是态度问题，还是获取用户好感的一种有效手段。

7.5 7 个卖货技巧，提升产品销量

农产品带货直播已经成为大势所趋，各地区（市 / 县）领导纷纷进驻直播间推广，农产品营销已经不是新鲜事。那么，如何通过农产品网络直播来推广农产品最有效呢？本节就来带你看一下网络直播卖货的实用技巧。

7.5.1 技巧 1：互动

多互动才能增强用户的黏性，让用户持续关注你，因此主播要一直与用户进行互动，并且时刻关注直播间左下角的用户评论弹幕，回答用户问的各种问题，不能平淡地像背稿子一样去推广。如果直播间用户比较少的话，主播可以亲切地和这几个少数的用户聊天，可以聊聊日常、话话家常，还可以说一些关于农产品的有趣的事情。一方面可以推广农产品，增强用户的记忆，另一方面也可以加强趣味性。

农村的人相对于城市的人来说，性格比较腼腆，不太能放得开，对于用户所提的要求可能有点抹不开面子，就会让用户觉得很无趣；也有一些人说得不好，回答的时候也可能不够“圆滑”，从而导致直播间观看的人数较少。所以，在直播间，主播可以先想好应对策略，或者多练习，多去看看别的直播间的主播是如何应对的。

除了直播，要增强趣味性，可以安排一些趣味性的活动，比如抽奖、玩游戏等。例如，拼多多直播间中的“猜歌达人”就是一种直播猜歌小游戏，拥有多种风格的音乐，可以满足更多用户的需求，让用户从中感受到各式各样的乐趣。“猜歌达人”游戏的参与方式非常简单，主播在直播间发起“猜歌达人”小游戏后，可以通过自己唱或放配乐等形式，将歌曲演绎出来，用

户需要在限定的时间内选择正确的歌名。

完成一轮“猜歌达人”小游戏后，会自动进入下一首歌曲，能够吸引用户长久地玩下去，增加用户在直播间的停留时长。

另外，直播录制的背景可以是比较漂亮的乡村景观，或者是比较有特色的农村景色，这样也可以加强与用户的互动及趣味性。图 7-48 所示为销售鸡及鸡蛋的直播间，将直播间的背景放置在鸡活跃的地方。一方面可以让用户实时地了解到鸡的具体情况，心中有数，一方面也可以增加话题，促进主播与观众的互动，同时鸡的一些行为还可以增加趣味性。

图 7-48　销售鸡及鸡蛋的直播间

7.5.2　技巧 2：第一分钟

直播间的第一分钟非常重要，错过了这一分钟，可能用户就没有那么多的耐心去关注了。因此在第一分钟，主播可以从用户的角度入手，说出该农产品在用户心中所需要的价值，这样用户才愿意继续倾听下去，从而更积极地下单。

通过在直播前仔细考虑产品的价值，并且以多种不同的形式展示，可以最大限度地吸引目标用户，吸引随意进来观看直播的用户。因此，农产品直播需要精心设计重点和卖点。

每个产品不仅有一个卖点，往往会有很多卖点，但是当主播将农产品的每个卖点都平均分配时间去介绍，没有重点，就会使产品看起来很平庸、没有亮点，下单的人数也往往比较少。

好的主播会根据用户的情况及产品的特征从中提取产品一到两个左右的核心卖点，再花几分钟的时间将核心卖点讲彻底，并用多种表现方式来支持他的观点，给观看直播的用户留下深刻印象。

那么，主播可以用什么方法佐证呢?

（1）农产品有的是可以直接吃的，有的需要再次加工才可以吃。在直播间，主播可以采用现场烧菜的方式来试吃，通过做出来的各式各样的菜来介绍农产品的价值，如图 7-49 所示。

图 7-49　直播间内现场做菜

（2）展示产品的成分，讲解专业的名词。

（3）讲故事，可以是自己或周围人的经历，也可以是产品的背景故事。

（4）采用一些有趣味性的试验来展示核心卖点。

7.5.3　技巧 3：直播状态

主播在直播卖货过程中，为了提高产品的销量，会采取各种各样的方法来达到自己想要的结果。但是，随着步入直播平台的主播越来越多，每个主播都在争夺流量，A 想要吸引用户、留住用户。

毕竟，只有拥有用户，才会有购买行为的出现，才可以保证直播间的正常运行。在这种需要获取用户流量的环境下，很多个人主播开始延长自己的直播时间，而机构也开始采用多位主播来轮岗直播的方式，以此获取更多的曝光率。

这种长时间的直播对主播来说，是一件非常有挑战性的事情。因为主播在直播时，不仅需要不断地讲解产品，还要积极地调动直播间的氛围，同时还需要及时地回复用户提出的问题，可以说是非常忙碌的，会产生极大的压力。

在这种情况下，主播就需要做好自己的情绪管理，保持良好的直播状态，使得直播间一直保持热烈的氛围，从而在无形中提升直播间的权重，获得系统给予的更多流量推荐。

一场好的直播，如果仔细观察的话，你会发现好的主播在整场直播中都是很亢奋的。事实上，用户之所以会留下来继续观看直播，有时候恰恰是被主播的热情吸引的，并不是因为农产品本身。

特别设计的直播秒杀活动会让主播和用户的兴奋达到高潮。秒杀活动是为了激发用户下单的欲望，能让他们直接看到实际的折扣，才更能调动他们的情绪。

反观很多无人的直播间，你会发现主播懒散或者不互动，直播间格外冷清的话，自然留不住人。图 7-50 所示的这个清冷的直播间，只是展示产品，并没有与直播间内的用户互动，问的问题不能及时地回答，用户的体验感就会很差。

图 7-50　清冷的直播间示例

刚刚开始直播的新主播，不要过多地期望一开始直播间就有很好的氛围，这是一个不断积累的过程，只要你播得好，观众会越来越多，直播间的氛围也会越来越好。

7.5.4 技巧4：情感沟通

维护用户是一个非常重要的环节。当主播慢慢聚集到一定数量的用户时，就需要注意与他们的情感交流。

1. 在粉丝群交流

粉丝群的形成是因为许多用户喜欢这个农产品或者主播。对主播来说，一个人管理几百个人甚至上千个人是不现实的，也不可能和每个人都要聊一聊，因此主播可以对用户实行分类，哪些是自己管理的，哪些是团队管理的。

2. 日常小礼物的赠送

很多主播可以在节假日给用户送小礼物，但平时也可以和用户一起玩抽奖活动，提高在平台的活跃度，还可以搞抽奖活动，随意赠送一些农产品礼包，让你的用户感受到满满的诚意，他们也会因此更喜欢你。

3. 不要等到比赛冲榜需要人气的时候才去关心你的粉丝

用户的喜爱程度决定了主播的发展水平。越受用户喜欢的主播，其发展程度越好。平时注重细节，时刻注意到你的用户，这样在直播间冲榜时，用户才会帮助你。

没有用户会主动地帮助不熟悉的主播去提升知名度。直播间主播有很多，同时也有许多用户来来去去，他们不会随意地去帮助交流不多的主播。

4. 时刻记得要与用户互动

无论什么时候开始直播，主播都要不断地主动和用户互动，才能让直播间不会无聊。在直播间如何与用户交流是主播需要不断学习的一门课题。图7-51所示为直播间内与用户的互动时间点，主播可以着重在这3个时间点与用户互动。

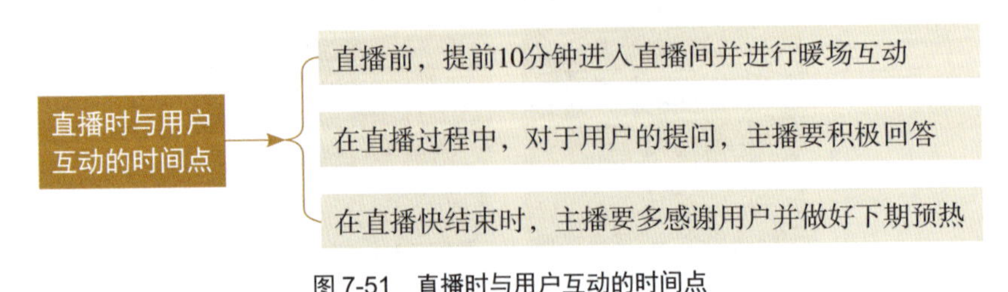

图7-51 直播时与用户互动的时间点

7.5.5 技巧 5：产品价格

价格是直播间用户关心的重点之一，适当地降低价格可以提高用户的购买率。那么，怎么去适当地降低产品价格呢？

1. 临界价格

什么是临界价格呢？这是一种让用户产生错觉的价格。比如，100 块钱是农产品的市场价格的话，100 就是界限，那么临界的价格就可以设定为 99 块钱或者 98 块钱，也就是靠近界限的那个价格。

通过这种方式给用户一个错觉，就是只要这个产品的价格没有超过 100 块钱，那么也会在一定程度上刺激用户的购买欲。

2. 阶梯价格

阶梯价格就是随着时间的变化，对产品进行阶梯式的促销，以此让用户产生一种紧张感。例如，一件农产品在做减价活动的时候，在做活动的第一天，农产品的价格可以是打五折，第二天活动的时候就可以打七折，第三天打九折，增加用户的紧迫感，刺激用户进行消费。

3. 双重实惠

与直接降价相比，先降低农产品的价格，然后再打折，这虽然看起来像是多走了一段路，但不应低估这段路，它对用户有很大的吸引力。

用户肯定会认为这种双重优惠比直接减价的一次性优惠更便宜，看上去是这样的，其实不然。例如，如果主播将 100 元的产品设定 30% 的折扣，则该产品的价格为 70 元。如果先把产品降价 10 元，再降 20 元，产品的价格也是 70 元，但用户会觉得后者更好。

7.5.6 技巧 6：售后服务

用户在直播间购买产品，往往是靠直播过程中的产品展示来确定其质量优劣的，无法在购买前就知道产品的真实质量，所以售后服务也就成了影响用户下单的重要因素。

同时，售后也可以说是一个农产品直播间可持续发展的关键保障和品牌价值的体现，一个不想要长期发展的主播可以不在乎售后，因为他们赚到钱就可以了，但这样做是无法长期生存下去的。

在管理中，售后服务的核心指标是用户满意度。因此，在下一次直播之前可以先分析用户的满意度，留住并发展潜在的用户，让他们了解并认可该农产品品牌，从而传播该农产品品牌。

想象一下，影响用户在选择同类产品时的决定因素是什么？事实上，它是一个品牌，而不是一个价格。品牌力的保证是什么？品牌力的保证是售后服务，只有具有完备和令大多用户满意的售后服务，品牌才能在用户心中树立良好形象。图 7-52 所示为需要做好售后服务的 3 个原因。

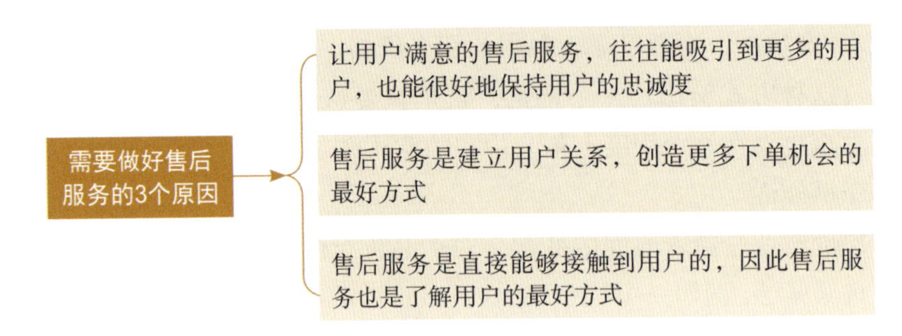

图 7-52　需要做好售后服务的 3 个原因

售后也分很多种，如图 7-53 所示，有初级售后、中级售后、高级售后、特级售后等。那么这些售后都干什么呢？下图将给你带来答案。

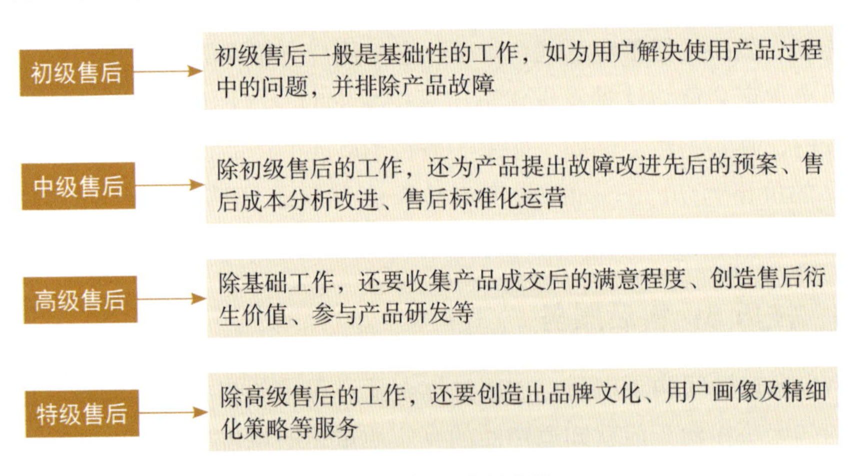

图 7-53　售后服务的分类

那么，对农产品直播来说，如何提供好的售后服务呢？下面介绍 4 个有效的小技巧。

1. 主动承担责任

很多客服在日常的售后服务过程中都会遇到“为什么还没发货”“为什

么还在揽件”等问题。然后客服的回答一般都是“不好意思，我马上就去联系一下快递那边”。看起来不错，很有礼貌，也很有针对性，但实际上这样的处理方式不是很好。

好的客服是这样回答的：“对不起！这是我们的疏忽，我马上去联系快递公司的快递员尽快处理，处理好后第一时间给您尽快回复！请见谅，麻烦您再耐心等待。对不起！”有人会说这样有什么区别？其实这两者的区别是很大的，这两种类型的回答本质上是不同的，他们的区别在于“是否主动承担责任”。

之所以说后一个回复是好的，在于客服“主动承担责任”，用户知道责任在哪里，至少心里就觉得“我找对人了，这个问题可以解决”。客服不推卸责任，用户才不会觉得自己像无头苍蝇一样，这本质上是一种为用户提供良好体验及缓解焦虑的方式。

2. 用第一人称单数去替换第一人称复数

“希望我们的服务能让您满意”“我们一定为您把这个问题处理好”之类的话都是售后客服常用的，这些语句都是很不错的，但是建议用第一人称单数来替代第一人称复数，也就是用“我”来替代“我们”。

很多客服人员都喜欢用“我们”，觉得这样有团队的力量，显得“高大上”、显得正规。其实，在整个售后过程中，一定要用“我”来替代，因为只有这样用户才会感觉对等、平等，否则他会觉得自己是一个人对一群人，自己处于弱势，因此自然就会启动自我保护机制，同时觉得你很官方。

但是，用“我”的时候，营造的就是一个平等的对话场景，是一个活生生的人，大家可以就具体问题个性化的交流，反而给用户一个非常好的体验感和相对轻松的沟通环境。

3. 营造一个良好的沟通环境

关于使用“亲”这一字，建议大家慎用。有人说这是“淘宝体”，大家都在用，为什么不能用呢？

当“亲”这一字并不流行时，这个词给我们带来了好玩、有趣和亲切的影响。简而言之，每个人都使用是因为这个词语可以用来拉近关系和实现更好的沟通体验。然而，这个词在今天被广泛使用，以至于这个目的现在已经无法实现。相反，它已经成为一个“官方”术语，有时还会带来非常糟糕的感觉。

4. 赔付小技巧

至于补偿的小窍门，很多人认为，如果可以使用优惠券，就会使用优惠券。不少运营者和商家也一直觉得优惠券能让用户再次购买，哪怕重新发一件新的商品也不用现金，建议让用户自己去选择补偿优惠券或者现金。

例如，你可以让用户选择 20 元的无门槛优惠券或者 5 元的现金补偿。这种方式的好处是，部分用户可以主动选择自己想要的补偿方式。在两者之间留一个可供用户选择的余地，这也会让他们觉得这是一次很棒的体验。

例如，某个用户在直播间买了一个西瓜，但是他收到的西瓜摔坏了，也不是不能吃，但心里还是会觉得不舒服。在这种情况下，可以让他从两种补偿方案中选择一个。如果用户选择的是补偿 5 元现金，此时如果运营者再赠送一个小西瓜的话，会让用户带着“不好意思”的感觉，下次还会光顾，甚至会介绍给朋友们，因为他觉得这个运营者很负责。

这种意想不到的惊喜会给用户带来一个很好的售后体验，提升他们回购的可能性。当然，对于选择 20 元优惠券的用户，运营者也可以给他制造惊喜，如在下次购买时赠送额外的小礼物或增加优惠券金额等。

7.5.7 技巧 7：种草

目前，“种草”已经成为人们社交的一种手段，同时也逐渐成为一种主流的营销方式。因此，主播除了直接通过直播来带货，还可以在直播前进行“种草”推广，为直播间带来更多的人气，同时也可以直接提升下单率。

那么，究竟什么是“种草”呢？

“种草”最初流行于化妆品方面的各种论坛和社区，指的是通过分享自己的使用经验达到让别人购买并使用的行为或现象。

同时，“种草”也可以指接受建议的心理过程。推荐商品的一方将同类商品进行收集、归纳、整理、分析等，向用户推荐其中优质的产品，并在此基础上，让用户信任自己，从而影响用户对产品的印象，进而产生购买行为。

随着移动互联网的发展和商业资本的介入，“种草”推广逐渐成为一种利用社会关系鼓励网民消费的商业营销模式。

“种草”是如何兴起的呢？图 7-54 所示为导致如今“种草”推广现象流

行的主要原因。

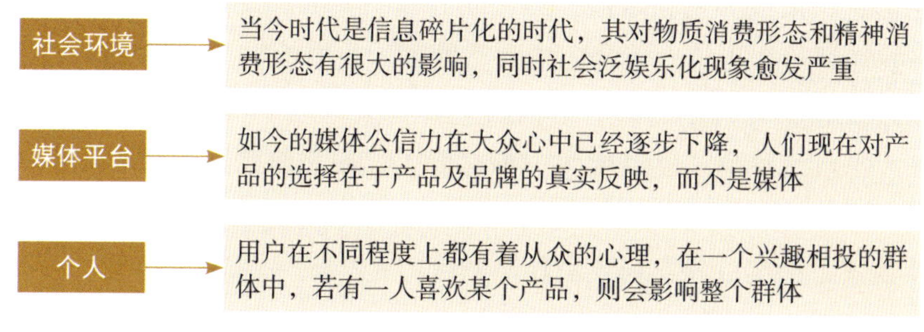

图 7-54　导致如今“种草”推广现象流行的主要原因

那么，要怎么才能玩转“种草”，获取更多的流量和关注，让用户对推销的产品更放心呢？

1. 选择形式

“种草”改变了传统的营销形式，使得产品从推广引流到用户互动、产品售后都可以在短时间内完成，极大地缩短了传统营销的内容链条，让一些小众用户的特殊要求都能够得到满足，实现经济和商业的精准化。

在当今短视频的浪潮下，其形式已经开始从最初的大众点评和小红书上的图文形式转变成短视频及直播的形式，未来“种草”的传播形式视频化、直播化会更加流行。同时，虚拟现实（Virtual Reality，VR）和增强现实（Augmented Reality，AR）的发展使直播变得更有趣、更逼真、更可靠。

2. 直播的设计

“种草”不同于以往的广告，以前的广告推广是直接告诉你“这个产品哪里好，你一定要买”，“种草”则是一个长期的项目，一定要多地方释放种子，并且接触用户的距离越近，越能获得预期的效果。

在进行“种草”直播时，做好直播的这 3 步工作也很重要：前期预热准备、直播及后期复盘分析。“种草”最主要的目的在于引起用户的兴趣，直播内容更多的是“介绍”角色，让该产品在用户心中播下种子。

当用户被吸引时，稍微触动一下就足以让农产品脱颖而出。这样的转化比从头到尾谈论农产品有多好要好得多。例如，农产品的运营者可以请名人来演示产品的各种神奇食用方法。用户在获取知识的同时，还会想下订单并再试一次。

在直播过程中或直播结束后，被吸引的用户会搜寻以了解该农产品。

此时，提前或同时推广该产品的相关内容就非常及时。比如，在直播页面嵌入产品信息、发放短视频直播预热，或者以图文的形式请多人在小红书或公众号上发送评价报告等。传统广告和“种草”并不矛盾，可以两者兼顾。

3. 直播平台及分发

各大平台“种草”已经成为一种趋势了，用户是没有渠道意识的，所以许多品牌已经开始打造独立的直播系统。这种独立的直播系统将会以自有品牌媒体为核心，然后分发到各个媒体平台。